KB234071

주머니 속의 세계사

주머니 속의 세계사

초판 1쇄 펴낸 날   2005. 7. 10

지은이 김희보 | 펴낸이 이광식
편집 곽종구 · 오경화 · 김지연 | 영업 박원용 · 조경자
펴낸곳 도서출판 가람기획 | 등록 제13-241(1990. 3. 24)
주소 (121-130)서울시 마포구 구수동 68-8 진영빌딩 4층
전화 (02)3275-2915~7 | 팩스 (02)3275-2918
전자우편 garam815@chollian.net | 홈페이지 www.garambooks.co.kr

ISBN 89-8435-208-X (03910)
ⓒ 김희보, 2005

저자와의 협의에 따라 인지는 붙이지 않습니다.
잘못된 책은 구입한 서점에서 바꿔드립니다.

서점에서 책을 살 수 없는 독자들을 위해 우편판매를 하고 있습니다.
수   협 093-62-112061 (예금주:이광식)
농   협 374-02-045616 (예금주:이광식)
국민은행 822-21-0090-623 (예금주:이광식)

주머니 속의 역사_004

주머니 속의 세계사

김희보 지음

가람
기획

머리말

세계사를 알아야 세상이 보인다

20세기 후반에 접어들면서 캐나다 토론토 대학의 맥루한이 '지구 마을(global villace)' 이라는 말을 사용할 때만 해도 우리는 그것을 먼 미래의 일로 생각했다. 그러나 20세기 말에 우리가 사는 지구는 시간적으로나 공간적으로 하나의 마을처럼 되었다. 유럽도 아시아도 한국도 한 동네처럼 되었고, 따라서 세계의 정치와 외교, 경제와 사회, 문화와 사상은 밀접하게 결합되고 있으며, 그 때문에 정보는 홍수처럼 쏟아지고 있다.

우리는 지구 마을에서 교양인으로 살아가야 할 터인데, 우리가 알아야 할 정보는 너무나 많다. 그 모든 정보를 컴퓨터에만 의존할 수도 없다. 때문에 얼마 전에는 책의 제목 중 '사흘' 이라는 말이 많이 쓰였다. 이를테면 '3일에 떼는 경제학', '3일이면 졸업하는 문학사' 등이었다. 얼마 지나 3일도 너무 길게 느껴졌던지 '하루' 라는 제목이 나오기 시작했다. '하루면 터득하는 동양 사상', '1일에 완성하는 사회학' 등이다.

그러나 현대인은 전공자가 아닌 한 어느 분야에 24시간을 투자할 수도 없을 만큼 바빠졌다. 때문에 '한나절', 그것도 12시간이 아닌 6

시간가량에 전부 읽을 수 있는 책이 필요해졌다는 생각에서 이 책을 쓰게 되었다. 원래 '세계사'라는 것이 국가나 민족들의 역사를 나란히 벌여놓은 것이 아니라, 통일적으로 정리될 때 비로소 세계사가 될 수 있다. 그런 의미에서 이 책은 짧은 분량에 많은 정보를 압축해 넣느라고 무척 힘들게 씌어졌다.

'논어'에 "옛 것을 익혀(터득하여) 새 것을 안다"는 말이 있다. 그것은 달리 말하면, 지난날을 살펴보지 않는 사람은 현재를 알 수 없다는 뜻이고, 좀더 넓게 말하자면 현대를 살고 있는 우리는 지난날 우리 선조들이 겪었던 것과 같은 상황에서 살며 같은 일을 겪고 있다는 뜻으로 해석할 수도 있다. '교양인'이라는 꾸밈말을 붙이지 않을지라도 현재의 '지구 마을'에서 살자면 우리 이웃들과 우리의 과거와 현재를 알아야 할 것이 아니겠는가!

금곡 영성서재에서
김희보

차 례

World History

1장 인류의 출현과 문명의 발생

인류의 출현

■ 인류의 역사 600만 년

세계사는 인류가 출현한 그때부터 시작된다. 인류란 동물의 진화 과정에서 침팬지와 공통되는 선조에게서 분화한 포유류 영장목靈長目 사람과에 속하는 동물의 총칭이다. 다른 동물과 다른 인류의 특징은 곧추서서 두 발로 걸으며, 손(손가락)을 자유롭게 사용하여 도구를 만들고, 불을 사용할 수 있으며, 언어를 통해서 의미를 전달할 수 있다는 점이다.

인류가 출현한 시점을 600만 년(학설에 따라서는 300만 년) 전으로 보고 있으며, 아프리카 동남부에서 오스트랄로피테쿠스(猿人)의 화석이 발견되고 있다. 그때로부터 50만 년이 지난 550만 년(또는 250만 년)에는 원인猿人이 호모 에렉투스(原人)로 진화했다. 베이징 인과 자바 인 등이 이에 속한다.

약 20만 년 전에는 호모 사피엔스(舊人)에 속하는 네안데르탈 인이 나타났다. 그리고 현생現生 인류인 호모 사피엔스 사피엔스(新人)가 등장한 것은 3만 년 전쯤이다. 이에는 프랑스의 크레마뇽 인과 중국 저우커우뎬(周口店)의 상동인上洞人 등이 있다.

■ 선사시대의 인류

인류가 문자를 사용하기 이전인 선사시대는 그 당시 사람들이 사용하던 도구에 따라서 구석기시대, 중석기시대, 신석기시대로 구분한다. 화석 인류는 처음에 사냥을 하고 물고기를 잡아 먹고, 돌을 떼내어 만든 뗀석기를 사용했으며, 동굴에서 살았다. 이 시대를 구석기시대라고 한다.

오스트랄로피테쿠스는 간단한 역석礫石 석기를 사용했고, 호모 에렉투스는 석핵石核 석기와 박편剝片 석기를 사용했다. 이들 원인原人은 언어와 불을 사용할 줄 알았다. 또한 호모 사피엔스는 사용 목적에 따라 박편 석기를 사용했으며, 털옷을 입었다. 그리고 호모 사피엔스 사피엔스는 정교한 타제 석기인 짐승의 뼈나 뿔로 만든 뗀석기를 사용하여 활을 발명하고 사냥을 할 수 있게 발전시켰다.

그후 약 1만 년 전쯤부터는 지구 북반구에 온난화 현상이 나타나 빙하가 녹아내리면서 멧돼지와 사슴 등 작은 들짐승이 사는 숲이 무성해졌기 때문에 사냥을 목적으로 한 잔석기가 발달했다. 이 시대를 중석기시대라고 한다. 그리고 호모 사피엔스 사피엔스는 석기 외에 낚시 등 골각기와 뼈나 조개껍질 등으로 장신구도 만들었는데, 이 시대를 신석기시대라고 한다.

■ 자바 원인

다윈이 《종種의 기원》으로 진화론을 주장한 1859년에 이르기까지 사람들은 인간의 조상이 원숭이라고 생각하는 것조차 싫어했다. 그러나 1891년 인도네시아의 자바 섬에서 이상한 화석이 발견되었다.

| 인류 조상의 신체 상상도. |

그것은 원숭이의 화석 같기도 했으나, 자세히 분석한 결과 곧추서서 걸어다녔다는 사실이 밝혀졌다. 이것이 자바 원인으로서, 그들이 타제 석기를 썼다는 사실도 밝혀졌다.

그후 저우커우뎬에서도 자바 원인과 같은 화석이 발견되었다. 그것은 베이징 원인(北京原人)으로 유명하며, 그후로도 계속해서 선사 시대의 화석이 발견되었다. 그 결과 인류의 조상이 누구인가 하는 확실한 증거가 갖추어지게 되었다. 그리고 오스트랄로피테쿠스와 호모 에렉투스 등의 화석은 아프리카에서 많이 발견된다. 그 위에 옛날의 지구 기후의 변화와 대륙의 이동 등을 헤아려볼 때, 인류가 발상한 곳은 아프리카라는 설이 현재에는 정설로 되어 있다.

네안데르탈 인으로 대표되는 '구인'은 언어와 불만 쓸 줄 안 것이 아니라 신의 존재도 믿고 있어서 사람을 매장할 때 종교의식을 행했다. 또한 크로마뇽 인으로 대표되는 '신인'은 예술감각도 지니고 있었다는 것을 알타미라 동굴 벽화와 라스코 동굴의 그림으로 알 수 있다.

■ 현생 인류의 출현

역사적으로 볼 때 신인은 오스트랄로피테쿠스로 시작되는 인류 진화의 역사 중 가장 나중에 등장한 사람들이다. 그들을 현생 인류(호모 사피엔스 사피엔스)라고 하며, 아시아와 유럽의 넓은 지역에서 생활하고 있었다. 프랑스의 크로마뇽 인 외에 이탈리아의 그리말디 인과 중국 저우커우뎬의 상동인 등이 그들이다. 신인들이 사냥과 식물 채취 등에 흑요석 도구를 사용하여 작고 날카로운 칼을 만들었고, 부메랑과 던지는 창 등 사냥 도구도 만들었다는 것을 발굴로 알 수 있다. 또한 그들은 동굴에 채색을 한 예술적인 짐승의 그림을 남겨놓았다. 근래 남아프리카의 동굴에서는 기하학 모양이 새겨진 돌이 발견되었다. 그것은 7만 7,000년 전의 것으로 추정되는데, 인류가 만든 것 중 가장 오래된 것이다.

창조성이 풍부했던 그들은 행동범위도 넓었다. 그들 중에는 유럽에서 아시아 지역을 통과하여, 베링 해협을 건너서 미대륙으로 간 사람들도 있었다. 신인들은 먹을거리를 사냥에서 잡은 것으로 해결했기 때문에 사냥감을 구하기 위해 이리저리 옮겨다녔다. 집단을 이룬 사람 중에는 지도자가 있어서 그들을 인도하고 통솔했다.

국가의 출현

■ **농경과 목축의 시작**

지금으로부터 약 1만 년 전에 마지막 빙하기가 끝나면서 인류는 빠르게 발전하기 시작했다. 지질학적 연대 구분으로는 신생대 제4기 중 홍적세에서 충적세로 넘어가는 때이며, 발전을 이루게 된 배경은 식생활 문제 때문이었다.

지구의 온도가 올라가 따뜻해지면서, 그때까지 사람들의 주식이었던 매머드와 토나카이 등의 동물은 환경에 적응하지 못하고 멸절하거나 추운 지방으로 이동하게 되었다. 그런 동물을 대신하여 새와 물고기 또는 사냥하기에 좋은 작은 짐승들이 따뜻해진 지방에서 살게 되었다.

이렇게 환경이 변화하자 동물들은 더 이상 먹이를 쫓아 옮겨다니는 생활을 하지 않아도 되었다. 그리고 인류는 소와 양 따위 짐승을 길들여 키우다가 잡아먹을 수도 있게 되었고, 게다가 농사짓는 방법까지 알게 되어 한곳에 정착해 살게 되었다.

인류가 농경과 목축을 시작한 것은 BC 7000년쯤으로 추정된다. 사람들의 주식이 농사를 짓는 것으로 바뀌자 인류는 집단을 이루게 되

었고, 그로 인해 원시적인
국가가 형성 되었다.

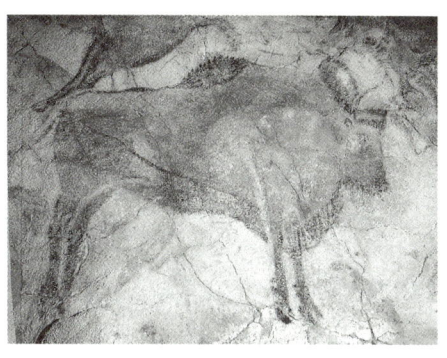

라스코의 동굴 벽화. 수렵이 주로 이루어졌던 구석
기시대의 그림이다.

■ 생산 경제의 시작

농경과 목축이 가장 빨리
행해진 곳은 서아시아와 이
라크 북부다. 그곳의 유적
을 보면 비교적 비가 많이
내리는 산자락 지방에서 농
경과 목축이 시작되었다는 것을 알 수 있다.

예전처럼 야생동물과 식물을 사냥하고 채집해서 생활하는 '획득
경제' 기의 경우에는 안정적으로 먹을거리를 얻기가 어려웠다. 따라
서 농경과 목축으로 쉽게 먹을거리를 만들게 된 '생산 경제'에 의해
인류가 안정된 생활을 할 수 있게 되었다는 것은 중요한 의미가 있
다. 초기 농경문화는 인류에게 그야말로 최초의 혁명이라고 말할 수
있다.

음식 공급이 안정되자 거의 모든 사람들이 정착생활을 하게 되었
고, 돌이나 벽돌로 집을 짓기도 하고, 외적의 침략을 막기 위해 성벽
등을 쌓았다. 또한 농경에 필요한 도구도 진보하여 간석기인 돌도끼
도 사용했다.

신석기시대의 생산 경제는 먹을거리가 안정적으로 공급되었는데,
그것은 또한 가난한 자와 부자, 그리고 신분의 차이를 낳게 되었다.
이 무렵부터 신관神官과 귀족, 그리고 평민과 노예 등으로 이루어진

계급사회가 시작된다.

■ 신석기시대의 특징

인류가 정착생활을 하면서 부락이 형성되고 얼마 지나지 않아 이번에는 혈연관계의 집단인 씨족氏族이 생겨났다. 씨족사회에서는 공동으로 일을 하고, 도구와 토지는 함께 사용했으며, 생산물의 분배와 소비가 평등하게 이루어졌다.

어느 정도의 세월이 흐른 뒤 씨족사회 속에 더 작은 혈연집단인 가족이 발생했다. 도구와 생산물은 가족의 사유재산이 되고, 그 결과 가족을 통솔하는 가부장의 힘이 강해졌다. BC 5000년 무렵에는 사람들 사이에 종교적인 관념도 생겨났다.

신석기시대에 정착한 인류는 지역별로 각각 특징적인 모습을 띠게 되었다. 크게 피부와 머리카락의 색깔과 모양, 그리고 눈동자의 색깔 등의 세 가지 특징으로 구분되는 인종이 생겨났다. 즉, 몽골로이드(황색 인종)와 코카소이드(백색 인종), 그리고 니그로이드(흑색 인종)이다. 또한 신체상의 특징뿐만 아니라, 언어와 사회생활 및 습관 등 문화적인 현상으로 집단을 분류할 수 있다. 그것이 민족이다. 이후의 역사에서 차별의 불씨가 된 것은 한결같이 인종과 민족이었으며, 문화면에서 종교와 언어도 분쟁의 불씨가 되어왔다.

■ 도시국가의 형성

농경생활 초기에는 평등이 기본인 씨족사회가 생활의 중심이었으나, 이윽고 유력한 씨족이 다른 씨족을 병합하여 부족사회로 변화하게 되었다. 또한 사냥이 생활의 중심이던 획득 경제 시대에는 인류에게 영토 따위는 중요하지 않았다. 그러나 농경사회에서 생산 경제 시대로 바뀌면서 영토를 지킬 무사(귀족)와 신전에서 풍요로운 수확을 기원하는 신관도 필요해졌다.

BC 4000년 무렵에는 치수와 관개 등 농업기술이 진보함에 따라 석기 대신 청동기를 쓰게 되었다. 그 결과 이전보다 많은 농작물을 수확하게 되었고, 사람들은 그것을 재산(부)으로 쌓아두게 되었다. 부의 축적은 교역과 전쟁을 통해 증가했고, 직종의 분화와 빈부의 차이가 확대되었으며, 그 결과 귀족과 노예가 발생했다. 이리하여 계급사회가 형성되었다.

이윽고 부족의 인도자와 귀족 등 유력자들이 사람들을 통솔하여 신전을 짓게 되었고, 신전에서의 의식과 공물貢物의 액수 따위를 기록하기 위해 글자가 발명되었다. 집단 속에 있으면 누구나 아무 탈 없이 살아갈 수 있었고, 풍년이 계속되어 자연히 인구가 증가하면서 집단은 또 자연히 도시국가로 성장하게 되었다.

메소포타미아 문명

■ '기름진 초승달 지대'

인류 최초의 문명이 형성된 서아시아는 사람이 살기에 좋은 곳이라고 말하기 어려운 곳이다. 그곳은 비가 오지 않아 메마른 갈색 대지였다. 그러나 티그리스와 유프라테스 두 강 사이에 위치해 '강 사이의 지역'이라는 뜻으로 불리는 메소포타미아(오늘의 이라크 중심부)는 농경에 적합한 땅이어서 '기름진 초승달 지대'라고 말할 정도였다.

메소포타미아에 사는 사람들은 보리 재배와 목축을 하며 살았다. 그들은 세월이 지나면서 관개농법으로 더욱 많은 양의 수확을 올리는 방법을 알게 되었다. 마른 땅에 강물을 끌어다가 농사짓기에 적합한 땅으로 만들고 보리의 생산량을 비약적으로 높였다. 그것은 가히 농업혁명이라 할 만한 것이었다.

먹을거리가 풍부해지면서 메소포타미아 지역의 인구는 폭발적으로 증가하기 시작했고, 마침내 국가 탄생을 이루게 되었다. 그와 동시에 메소포타미아는 평야로서 개방적인 지형이었기 때문에, 주변 유목 민족의 침입을 불러들여 정신을 차릴 수 없을 정도로 민족이 교

체되면서 국가의 흥망이 자
주 거듭되었다.

신전의 대표적인 양식 지구라트. 수메르에서 가장 중요한 것은 신전이었다.

■ 홍수 전설

메소포타미아의 특징 중
에 하나가 홍수 전설이다.
홍수는 티그리스와 유프라
테스 강이 합쳐지는 하류
지역이 지니고 있는 운명이
기도 했다. 강 상류에서 큰비가 내리면 그 길로 물이 불어나면서 홍
수가 되어 하류로 밀려내려왔다.

이런 이유 때문에 여러 가지 홍수에 관한 전설이 생겨났다. 그중에
유명한 것이 수메르 인의 〈길가메시 서사시〉에 나오는 이야기다. 이
이야기는 〈구약성서〉 창세기에 기록되어 있는 '노아의 방주' 이야기
의 원형으로 추정된다.

인류 문화상 메소포타미아에서 글자가 발명되었다는 것도 중요한
의미를 지닌다. 메소포타미아에서는 보리의 생산량이 증가하게 되면
그것을 비축할 필요가 있었다. 그리고 곡물창고에 누가 어느 정도의
양을 보관했는지 그 증거가 필요했다. 또한 도시국가가 탄생하면서
권력자는 세금으로 보리를 받았을 뿐 아니라, 물건을 사고파는 데도
보리가 화폐 대신 쓰였다.

이와 같이 보리에 따른 경제활동이 점토판에 기록으로서 의미를
가지는 기호, 곧 글자를 새기는 것을 생각해내게 했다. 그 글자는 점

토판에 모양을 분명하게 새길 수 있도록 쐐기 모양을 하고 있었다. 이것이 쐐기문자의 시작이 되었다.

■ 함무라비 법전

글자는 문장을 기록할 수 있어 여러 가지 문화 유산을 남기게 마련이다. 그중에도 함무라비 왕(BC 재위 1792~1750)이 나라를 다스리기 위하여 만든 '함무라비 법전'이 유명하다. 그것은 역사상 가장 오래된 법전으로서, 후대에 여러 민족에게 큰 영향을 주었다.

함무라비 법전 제196조를 보면 "누군가 나의 눈을 멀게 하면 똑같이 그의 눈을 멀게 한다"고 하는 '동태同態 복수법'이 씌어 있다. 이와 비슷한 내용은 구약성서 〈모세의 율법〉에도 씌어 있다.

함무라비 법전의 내용은 형법과 민법, 상법 등 여러 분야에 걸쳐 있다. 그 법전의 바탕을 이루고 있는 것은 귀족과 평민, 노예의 신분제로서 피해자가 가해자 이상의 신분인 경우에는 "눈에는 눈으로, 이에는 이로" 상대방에게 똑같은 방법을 써서 복수하는 '동태 복수법'을 원칙으로 하고 있다는 데 그 특징이 있다.

■ 메소포타미아의 발전

메소포타미아에 최초의 도시국가가 탄생한 것은 BC 2700년이다. 그 당시의 도시국가로는 우르, 우르크, 라가시 등이 알려져 있다. 어느 민족인지 분명하지 않은 수메르 인이 지구라트(거룩한 탑)가 서 있는 신전을 중심으로 위의 도시국가들을 건설했다. 그들은 청동기와 채문彩文 토기를 만들었고, 쐐기문자를 발명했으며, 60진법과 태음력도 발명하여 문명이 날로 발전했다.

BC 2400년 무렵에 셈 어족인 유목민 아카드 인이 북에서 수메르 인 국가를 침략했다. 아카드 인 사르곤 1세는 수메르의 도시국가 전체를 정복하고, 메소포타미아 전 지역을 하나의 국가로 통일하여 지배했다.

그러나 아카드 인의 통일 국가는 오래 가지 못했다. 통일 지배가 무너지면서 이번에는 도시국가들 사이에서 힘겨루기가 벌어졌다. 한때는 도시국가 중 하나인 우르가 패권을 쥐었다. 우르는 〈구약성서〉 창세기에 등장하는 아브라함의 고향이다.

BC 1800년 무렵에 셈 어족인 유목민 아무르 인이 바빌론을 수도로 하는 통일 왕국을 세웠다. 이것이 바빌로니아 왕국으로서, 그 왕국의 제6대 왕이 함무라비다. 그는 서부의 아시리아 등 메소포타미아의 주요 지역을 정복하며 영토를 확장했다.

그러나 함무라비 왕이 죽은 후 바빌로니아는 혼란에 빠졌다. 그때 소아시아에서 철제 무기를 앞세운 히타이트 인이 들이닥쳐 BC 16세기에 바빌로니아를 멸망시켰다.

이집트 문명

■ **나일 강의 선물**

메소포타미아 문명이 일어나던 시기 BC 3000년쯤 이집트 문명이 일어났다. 나일 강 유역에 정착해 살던 함 어족인 이집트 인은 나일 강 델타 지대를 중심으로 풍요롭게 살고 있었다. 그들은 해마다 7월에서 10월에 걸쳐 나일 강이 넘쳐 흐르면 위에서 운반해온 기름진 흙을 이용하여 농경사회를 발전시켰다.

그리스의 역사가 헤로도토스(BC 484 ?~ 425 ?)는 이 사실을 가리켜 "이집트는 나일 강의 선물이다"라고 했다. 이집트 인들은 강물이 넘치는 것을 막고 또 농지의 관개(물대기)를 하기 위해 넓은 지역의 사람들과 힘을 합쳐야 했다. 이것이 이집트 곳곳에 작은 도시국가 노모스(부족국가)를 세우게 했고, 후에 통일 국가를 이루게 했다.

이집트는 메소포타미아와는 달리 닫힌 지형이었다. 나일 강 건너편에는 사막이 펼쳐져 있고, 북쪽과 동쪽으로는 지중해와 홍해가 가로막고 있었다. 때문에 열린 지형인 메소포타미아와는 달리 이집트는 거의 다른 민족의 침략을 받는 일 없이 오랜 세월 동안 통일 국가를 유지할 수 있었다.

■ 고왕국 · 중왕국 · 신왕국

BC 3000년 무렵에 이집트의 노모스는 점차 통합되어 상이집트와 하이집트의 2대 국가가 탄생했다. 그후 상이집트의 메네스 왕은 하이집트를 합병하여 제1왕조를 세웠다.

'태양신의 아들'이란 뜻으로 '파라오'라 불리며 나라 전체를 지배한 왕은 신관과 관료를 거느리고 세습 전제군주가 되었고, 사람들은 왕에게 종속된 농민으로서 세금과 노역을 감당했다. BC 27~26세기에는 이집트 수도 멤피스 북쪽에 위치한 기자에 유명한 쿠푸 왕과 카프레 왕, 그리고 멘카우레 왕의 3대 피라미드가 지어진다.

이 무렵을 고왕국시대라고 하며, 이집트 왕조의 전성시대라고 한다. 그러나 이 시기를 경계로 지방에서 힘을 가진 귀족의 세력이 강해지면서 고왕국(제3~6왕조, BC 2686~2181)은 힘을 잃기 시작했다.

BC 21세기 무렵에 중왕국시대(제11~12왕조, BC 2050~1750)가 열리며 수도를 테베로 옮겼다. 그러나 왕권은 약해졌고, 한때는 시리아

이집트 문명의 화려함을 뒷받침하는 생산활동. 제18왕조의 벽화로 분업이 이미 발달했음을 보여준다.

방면에서 침입한 말과 병거(전차)를 부리는 서아시아 계열의 유목 민족인 힉소스에게 나라의 일부를 빼앗기기도 했다.

그러나 신왕국시대(제18~20왕조, BC 1567~1085)에 힉소스 족을 나라에서 쫓아내고, 강력한 군사력으로 이웃 나라들을 정복했다. 한때는 당시의 강대국 히타이트와 전쟁을 벌이기도 했으나, 람세스 3세 때를 고비로 쇠퇴하기 시작하여 셈 계열의 아시리아 제국의 지배를 받게 되었다. 그리고 525년에 아케메네스 왕조 페르시아에게 정복되었다.

■ 종교개혁

이집트 문명 마지막 왕국에 등장하는 토토메스 3세(재위 BC 1479~1425)는 팔레스타인과 시리아를 정복하고 히타이트 국경까지 밀고 들어갔다. 그렇게 되자 왕의 전제는 강해지고 신관들과 대립하게 되었다.

14세기 전반의 아멘호테프 4세(재위 BC 1353~1336) 때 그때까지 이집트의 국가 신이었던 아몬 라를 부정하고, 태양신 아톤을 유일신으로 믿으며 수도도 아마르나로 옮겼다. 그는 완전히 새로운 왕으로 존재하기를 원해 이름도 아톤 신을 예찬한다는 뜻으로 아크나톤으로 바꾸었다. 그러나 이 종교개혁은 그의 죽음과 더불어 막을 내리게 되었다.

그의 뒤를 이은 투탕카멘(재위 BC 1333~1323)은 신관 등 구세력의 압력으로 수도를 테베로 옮기고 왕조를 예전대로 복구하려 했으나, 왕국의 내부 분열은 더욱 심해져 나라는 날로 쇠퇴해져갔다.

■ 이집트의 문화

다신교를 믿은 이집트 인은 많은 신들 중에도 태양신과 오시리스 신을 가장 숭배했다. 그들은 영혼이 불멸한다는 내세적인 종교관을 가지고 있었다. 그래서 사람들은 사람이 죽으면 그 시신을 미라로 만들었고, 오시리스 신에 의해 행해지는 죽은 후의 재생과 부활의 이야기는 '죽은 자의 글'로 남겼다.

한편 정기적으로 나일 강이 넘쳐흐름으로써 땅을 측량하는 기술이 발달했고, 10진법이 생겨났다. 1년을 365일로 한 태양력도 이때 생겨난 것이다.

이와 같은 기술의 진보는 왕의 무덤으로 알려진 피라미드와 스핑크스, 그리고 오벨리스크와 신전 등 커다란 석조 건축으로 나타났다.

이집트 인의 문화 중에서도 가장 높게 평가할 수 있는 것이 이집트 글자다. 이집트의 글자는 신성문자(히에로글리프)로 알려진 상형문자에서 시작하여 표음문자로 발달했다. 그림 글자에서 발달하여 비문碑文에 쓰기 위한 것이 신성문자이다. 그리고 파피루스로 만든 종이에 기록하기 위한 글씨체로 신관神官문자와 민중문자가 있다. 이 무렵에 수학도 발달하여 10진법을 썼고, 미라를 만드는 과정에서 의학도 발달했다.

오리엔트의 통일

■ 크레타 문명과 미케네 문명

에게 해에서는 크레타 섬의 크노소스를 중심으로 BC 3000년 무렵부터 오리엔트의 영향을 받은 크레타 문명이 생겨나 해양 무역을 통해 발달했다. 그 문명의 특징은 성벽이 없다는 점이었다. 그 당시 대부분의 왕국이 높은 성벽을 쌓아 외부로부터 적이 쳐들어오는 것을 막았으나, 크레타 왕국은 크고 복잡한 구조의 신전을 지어놓기만 하고 평화를 누렸다.

그러나 BC 1400년쯤 그리스 인 가운데 한 파인 아카이아 인이 쳐들어와 크레타 문명을 멸하고 미케네를 중심으로 하여 동지중해의 해양 무역을 지배했다. 무뚝뚝하고 세련되지 못한 아카이아 인들은 크레타 문명과는 다르게 큰 돌로 성을 쌓고 아치 모양의 무덤을 만들었다. 이것이 미케네 문명이다.

그러나 이 미케네 문명도 BC 1200년 무렵에 철기를 사용하는 그리스 인 가운데 또 다른 일파인 도리아 인의 남하로 멸망하고 말았다. 이와 같이 에게 해에 생겨난 두 가지 문명(에게 문명)이 퍼지면서 그리스 세계가 이루어졌다.

■ 히타이트와 팔레스타인

BC 2000년 무렵에 등장한 인도 유럽 어족인 히타이트는 다른 나라들보다 앞서 철제 무기와 병거를 만들었다. 이와 같은 것들은 그 당시 최신식 무기였다.

히타이트는 이 강력한 무기들로 바빌로니아를 정복했고, 이집트 신왕국과도 세력을 다투었다. 그러나 BC 12세기 무렵에 민족 이동이 발생하면서, '바다의 백성'이라 불리는 계통을 알 수 없는 사람들이 지중해에서 쳐들어와 히타이트를 정복했다.

한편 지중해 동쪽 해안에 위치한 시리아와 팔레스타인(가나안) 지역에서는 히타이트와 이집트의 세력이 쇠퇴하게 되자, 셈 어족인 페니키아가 현재의 레바논 해안에 티로스(두로)와 시돈 등의 국가 도시를 건설하기 시작했다. 또한 히브리(유대, 이스라엘) 인도 BC 1500년 무렵부터 팔레스타인에 정착했고, BC 11세기에는 왕국을 세웠다. 그들은 유일신 야훼를 믿었고, 다윗 왕과 솔로몬 왕 때에 전성시대를 누렸다. 솔로몬 왕이 죽으면서 북왕국 이스라엘과 남왕국 유다로 분열되었다.

얼마 후 북왕국이 먼저 아시리아에게 정복당했고, BC 6세기에는 남왕국 유다도 신바빌로니아 왕국에게 정복당했다. 남왕국의 유대 인들은 '바빌론 유수'(BC 597~538)로 끌려가 나라 잃은 백성으로 살았다. 페르시아가 신바빌로니아를 정복하면서 유대 인은 해방되어 귀국하게 되었고, 예루살렘에 성전을 재건하여 유대 교를 성립시켰다.

■ 아시리아 제국의 통일

이집트의 쇠퇴기에 머리를 들기 시작한 메소포타미아 북부에 사는 아시리아 인은 BC 12세기에 국가를 형성하고 영토를 확대하기 시작했다. 철제 무기로 무장한 그들은 BC 8세기에 니네베(니느웨)를 수도로 정하고, 시리아와 팔레스타인을 정복했으며, BC 671년에는 이집트도 정복하여 오리엔트('해 뜨는 지역'이라는 뜻) 통일을 이룩했다. 이것이 아시리아 제국의 탄생이다.

전성기인 아슈르바니팔 왕 때에는 넓은 영토를 주州로 나누어 각 주에 총독을 두었고, 도로를 정비하여 일정한 구간마다 숙소와 식량을 비치한 역전제驛傳制를 설치하여 중앙집권을 꾀했다. 그러나 정복한 나라의 국민들을 포로로 삼아 국내에 강제이주시켜 종으로 삼고, 국민에게 무거운 세금을 매겨 강압 지배를 했기 때문에 여러 민족이 반란을 일으켰다.

우선 메소포타미아에서는 셈 어족인 칼데아 인이 신바빌로니아 왕국을 건국했다. 그들은 이란 인의 나라 메디아 왕국과 연합하여 BC 612년에 아시리아를 정복했다.

■ 페르시아의 오리엔트 통일

아시리아가 멸망한 후 오리엔트는 신바빌로니아와 메디아, 그리고 이집트와 민족 계통을 알 수 없는 리디아 등 4개국이 대립하게 되었다. 그때 이란 고원 서남쪽에 살고 있던 인도 유럽 계열의 페르시아 인은 아케메네스 왕가의 키루스 2세의 인솔 아래 메디아를 쓰러뜨리고 독립하여, BC 550년에 아케메네스 왕조 페르시아 제국을 세웠다.

뒤를 이어 리디아와 신바빌로니아를 정복했고, 제2대 캄비세스 2세 (재위 BC 529~522)는 이집트를 정복하여 오리엔트 통일을 이루었다. 그 뒤를 이은 다리우스 1세(재위 BC 522~486) 때에는 아시리아의 지배를 본떠 제국 전체를 20개 주로 나누고 각 주에 총독을 두었다. 그는 '왕의 눈', '왕의 귀'라고 불리는 감찰관을 파견하여 총독을 감시하게 했고, 수도를 중심으로 '왕의 길'을 만들어 역전제를 정비했다. 이와 같이 중앙집권체제를 정비하고 화폐의 통일과 공용어를 설정하여 국내를 안정시켰다.

페르시아는 아시리아와는 달리 정복한 나라에 대해 너그러운 정치를 폈고, 주변 민족과 안정된 교역 관계를 지속하여, 아케메네스 왕조 페르시아는 이집트에서 인도에 이르는 대제국이 되었다.

인더스 문명

■ 인더스 문명의 성립

BC 2500년~1500년쯤 인더스 강 유역에 청동기와 상형문자를 쓰며, 성과 포장도로와 배수시설 등 뛰어난 도시 기간설비를 갖춘 도시 문명이 성립되었다. 이것이 4대 문명 중에 하나인 인더스 문명이다. 원래 4대 문명은 한결같이 강 옆에서 발전했는데, 그중에도 특히 물과 깊은 관계가 있는 문명이 인더스 문명이다.

오늘날에는 파키스탄 이슬람 공화국의 동부, 인도의 국경과 나란히 흐르고 있는 인더스 강 유역에 사람이 살게 되면서 풍부한 물의 혜택을 누리며 농경사회가 발전했고, 마침내 거대한 도시문명이 등장했다. 인더스 문명의 자취를 보여주는 유적은 많이 남아 있다. 그중에도 대표적인 것이 하라파와 모헨조다로의 도시 유적이다.

이 두 곳 외에도 인더스 문명은 백 군데 가까운 도시 집락의 유적을 남기고 있다. 유적이 널려져 있는 범위는 동서 1,600km, 남북 1,400km에 이른다. 이것은 4대 문명 중에도 가장 규모가 크다. 오늘날 인도는 후진국의 인상을 주지만, 옛날에는 세계에서 가장 번영한 문명을 탄생시킨 땅이었다.

■ 모헨조다로와 하라파

하라파는 인더스 강 상류 동쪽 강 어귀에서 약 1,000km 안쪽으로 들어간 곳에 있다. 그곳은 인더스 문명의 흔적이 맨 처음 발견된 곳이다. 도시 서쪽에 남아 있는 커다란 성벽뿐 아니라 곡물 창고와 공방工房, 일꾼들의 주택 등이 출토되었다.

한편, 모헨조다로는 하라파에서 약 644km 하류의 남서쪽 기슭에 있다. 하라파와 같은 시기에 형성된 것으로 고증되고 있으며, 도시 형태에도 공통점이 많다. 그러나 도시로

모헨조다로 남성상. 신관으로 보이는 당당한 모습의 이 상의 주인공들은 아리아 인들에게 전멸당했다.

서의 완성도는 하라파보다 훨씬 뛰어나며, 수도적 역할을 했던 곳으로 보인다. 도시의 범위는 약 1km로서 추정 인구는 약 4만 명이며, 세계에서 가장 오래 되었고 가장 큰 계획도시다.

우리 나라의 상하수도가 지금처럼 정비된 것은 그다지 오래되지 않았다. 이와 같은 상황을 생각할 때 모헨조다로의 선진성을 새삼 실감할 수 있다. 이 도시는 이미 수천 년 전에 고도로 발달한 상하수도가 정비되어 있었기 때문이다. 우선 상수도는 우물에서 길어 올린 물이 각 주택에 공급했다. 생활 폐수와 빗물은 여러 곳에 설치된 배수구를 통하여 맨홀로 흘러들어가게 되어 있다. 목욕실은 말할 것도 없고, 수세식 화장실까지 설치되어 있었다.

■ 고대 인도의 글자

이같은 발견은 인더스 문명의 극히 한정된 일부일 뿐이다. 뛰어난 도시시설을 만들어낸 사람들이 어떤 생활을 했는지 구체적인 것은 아직 알려져 있지 않다.

인더스 문명의 실상을 정확하게 알지 못하는 이유 중 하나가 글자 문제 때문이다. 현재까지 인더스 글자를 새긴 돌로 만든 인장에서 400자가량의 글자가 확인되고 있으나, 그 글자를 해독할 길이 없다. 그 인장이 문장의 형태를 이루고 있지 않기 때문에, 문법과 낱말의 연결만으로는 도무지 뜻을 알 수 없기 때문이다.

큰 규모와 뛰어난 설비를 자랑하던 인더스 문명의 실상을 상세하게 밝히기 위해서는 좀더 조사와 연구가 진행되기를 기다릴 수밖에 없다. 이 문명을 이룩한 민족은 현재 남부 인도에 밀려가 살고 있는 드라비다 어족 계열의 사람들이었을 것으로 추정하고 있다. 인더스 문명이 쇠퇴한 원인으로는 사막화에 따라 강물이 말라버렸기 때문으로 보는 견해와, 인도 유럽 어족인 유목민 아리아 인의 침입 때문으로 보는 견해가 있다. 인더스라는 말은 산스크리트 어로 '강'이란 뜻이며, 이것이 '인도'라는 말의 어원이 되었다.

■ 카스트 제도

인더스 문명이 쇠퇴하기 조금 전인 BC 1500년쯤부터 새로운 집단이 인도에 들어왔다. 훗날 인도계 주민이 되는 아리아 인이다. 그들은 하라파가 있던 펀자브 지방에 옮겨가 살았다. 그리고 BC 1000년쯤에 갠지스 강 유역으로 진출하여 정착, 농경생활을 시작했다. 그 무렵에는 〈베다〉라고 불리는 종교 문헌이 기록되기 시작했다. 또한 그 무렵부터 네 가지 계급(바르나)으로 구성된 신분제도인 카스트 제도가 성립되었다. 그것은 지도자로서의 특권을 가지는 최고위의 제사장 계층인 브라만, 왕과 귀족 계층인 제2위의 크샤트리아, 제3위인 농민과 상인 등 서민층인 바이샤, 최하위인 선주민 중심의 수드라이다. 그외에 4종성 테두리 밖에 있어 상종조차 하지 않는 불가촉천민 파리아가 있었다.

이윽고 BC 8세기쯤부터 갠지스 강 유역에 도시국가가 성립되기 시작했다. 그중에서 일어난 마우리아 왕조(BC 321~185경)는 인더스 강 유역과 갠지스 강 유역에 걸쳐 인도 역사상 최초의 통일 국가를 건설했다. 알렉산더 대왕이 인더스 강 유역을 원정하던 BC 4세기 말에는 인도에 부족간의 분열이 심하여 걷잡을 수 없이 혼란스러웠는데, 이때 찬드라 굽타(재위 BC 321경~297경)가 인도 북부를 통일하게 된다.

황하 문명

■ 황하 문명의 발상

황하 문명 또는 중국 문명은 4대 문명 중에서 현재까지 이어지고 있는 유일한 문명이다. 중국 대륙을 가로질러 흐르는 두 줄기 강인 황하와 장강 유역에 인류가 살기 시작한 것은 70만 년 전쯤으로 알려진다. 구석기시대, 곧 간단한 돌로 만든 기구를 사용하여 사냥을 하고 열매를 따는 생활을 하던 이 시대는 약 1만 년 전까지 이어진다.

신석기시대인 BC 6000년쯤 사람들은 마을을 이루어 정착해 살면서 목축과 농사를 하게 되었다. 석기의 가공도 훨씬 섬세해졌고, 질그릇도 만들어졌다.

이런 속에서 생겨난 문화 중 하나가 양사오(仰韶) 문화다. 황하 유역에서 이 문화가 번영한 시기는 BC 5000~2500년쯤까지다. 아름답게 채색한 질그릇과 채도 또는 채색 무늬 질그릇이 많이 만들어졌다. 한편, 장강 유역에서는 량저良渚 문화가 번영했다. 그 문화는 돌을 아름답게 가공한 옥그릇 등으로 유명하다.

양사오 문화는 BC 2500~1700년쯤까지 좀더 진보한 룽산龍山 문화로 번영했다. 이 단계에서는 섬세한 도기와 성벽을 쌓은 마을 자취 등 문명의 징조가 보이기 시작한다. 이 룽산 문화에서 중국사로 이어지는 왕조가 태어나게 된다.

갑골문자. 거북의 등딱지에 상형문을 새겼다. 점치는 데 쓰인 것으로, 한자의 원조다.

■ 은 왕조

은殷나라가 세워진 것은 BC 1550년쯤이다. 초대 왕 성탕成湯 태을太乙이 하남성 황하 유역의 시향尸鄕이라는 곳을 수도로 정했다. 왕은 다시 현재의 허난성 정주鄭州 부근으로 수도를 옮겼고, BC 1200년쯤에는 은허殷墟로 천도했다. 이때가 은의 전성시대다.

사마천의 《사기史記》에 따르면, 은나라는 하夏 왕조의 마지막 왕 걸桀을 멸하고 성탕이 은 왕조를 열었다. 은나라는 훗날 주周 왕조가 붙인 이름으로서, 그들 자신은 상商이라고 불렀다. 은나라의 제20대 왕인 반경盤庚이 은허로 수도를 옮겼고, 은의 마지막 황제이자 폭군이었던 주왕紂王 또는 제신帝辛 왕은 주나라 무왕武王에 의해 멸망했다(BC 1028년쯤).

은허에서는 청동기 외에 글자가 새겨진 거북 껍데기와 짐승의 뼈가 나왔다. 은허에서 출토된 짐승의 뼈에 새겨진 갑골문자는 3,000자가량인데, 그중 절반 정도는 읽을 수 있게 되었다.

갑골문자의 해독에 따르면, 은나라 왕은 갑골을 사용한 점괘에 따른 신정神政 정치를 행했고, 청동기를 제작했다. 농민은 나무 제품 기구와 돌 제품 기구를 이용해 농사를 지어 왕에게 일정한 세를 바쳤다. 갑골문자는 제사와 전쟁 및 농업 등을 점친 기록으로서, 한자의 기초가 되었다.

《사기》에는 은나라에 앞서 하나라가 400년 가까이 지속되었다고 기록되어 있다. 하의 시조인 우禹는 황하의 치수治水로 순舜에게서 왕위를 물려받았다(선양)고 한다. 하나라에 관해서는 이 장 마지막에서 다루기로 한다.

■ 은나라의 발견

현재까지는 중국 정사正史에서 가장 오랜 왕조로 은나라를 꼽는다. 이 은나라도 20세기 초까지는 전설상의 왕조로 여겼다. 그 실체가 밝혀진 것은 '용골龍骨' 때문이었다. 중국에서는 오래된 짐승의 뼈를 용의 뼈라고 하여 한방약으로 사고팔았다. 그 용의 뼈에 은나라가 실제로 존재했다는 것을 말해주는 '갑골문자'가 새겨져 있었던 것이다. 용의 뼈에 갑골문자로 적혀져 있었던 것은 은나라 14명의 왕의 이름이었다. 그것이 《사기》의 기록과 똑같았기 때문에 은나라의 실재가 역사적 자료를 통해 입증된 것이다. 용의 뼈가 출토된 곳은 안양安陽縣 샤오툰춘(小屯村)으로, 그 일대는 예로부터 은나라가 있었다고 해서 은허라고 불리던 곳이다.

■ 하나라의 문제

중국 고대사에서는 은에 앞서 하나라가 있었다는 것이 거의 정사로 인정되려는 단계에 와 있다. 하는 은과 마찬가지로 《사기》에 고대 왕조 중 하나로 기록되어 있다. 《사기》에 따르면 하나라의 시조는 우로서, 그는 홍수를 다스린 영웅적 인물이며, 그 업적으로 해서 왕조의 시조가 되었다고 한다.

문헌뿐 아니라, 하나라의 것으로 추정되는 유적도 발견되었다. 1959년부터 하남성에서 발굴되고 있는 이리두二里頭 유적이 그것이다. 유적의 규모는 사방 약 2km로서 중앙에는 2개의 궁전터가 있다. 그 주위에는 청동기 등을 만들던 공방의 자취도 발견되었다. 거기서 출토된 청동기로는 '유정문동작乳釘紋銅爵'이 유명하며, 종교적 의식에 쓰였던 것으로 보인다.

이리두 유적지에서 출토된 고대 문헌과 출토품을 조사하던 중국의 전문가팀은 2000년 11월에 연구 결과를 발표했다. 하나라는 BC 2070년에 성립된 국가로서, 마땅히 중국 정사로 인정해야 한다는 내용이었다.

2장 고대의 세계

춘추시대

■ 은의 멸망

은나라의 마지막 왕 주왕紂王은 즉위할 당시만 해도 덕망이 있는 어진 임금이었으나, 달기妲己라는 여성을 사랑하게 되면서 폭군이 되었다고 한다. 그는 하나라 마지막 왕인 걸桀과 막상막하의 악한 왕이라 하여 '걸주桀紂'라고 하면 폭군의 대명사처럼 쓰인다.

《사기》에 따르면 주왕의 그 포학함과 방탕함은 더할 나위 없었고, 그 때문에 결국 반란이 일어나게 되었다. 그가 바로 궁정 정원을 술로 가득 채우고, 나무마다 고기를 걸어놓았다는 이른바 주지육림酒池肉林의 주인공이다. 그 주지육림 속에 알몸이 된 남녀가 즐기는 것을 보며 흥겨운 잔치를 벌였다.

그러나 고고학자들은 《사기》의 기록을 그대로 믿지 않는다. 은나라가 멸망한 것은 주왕의 포학함 때문이 아니라, 은나라의 국가적 자원인 청동기의 원료, 곧 청동이 더 이상 생산되지 않았기 때문으로 보고 있다. 청동기 문화는 은시대에 한껏 꽃피웠지만, 왕조 말기에 양도 줄고 질도 크게 떨어졌다. 청동은 무기 제조에도 쓰였기 때문에 군사력 저하에 직결되었으리라는 것을 예상할 수 있다.

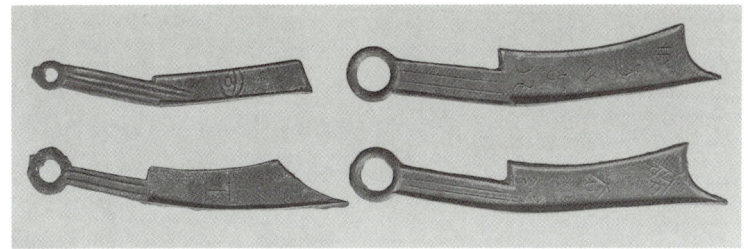

춘추시대의 화폐. 교환경제가 활발해짐에 따라 칼 모양의 화폐가 나타났다. 그래서 '도전' 이라 한다.

■ 주나라의 건국

그 무렵 주나라는 은나라보다 더 많은 양의 청동을 차지하고 있었다. 주의 뿌리는 안양에 은허가 이루어질 무렵에 일어난 한 씨족으로 알려져 있다. 그들은 점차 세력을 뻗어 BC 1100년쯤 제후諸侯를 끌어들여 은을 공격하여 멸한 후 왕조를 세웠다. 주는 산시 성(陝西省) 시안(西安) 부근에 있는 호경鎬京에 도읍했다.

주나라 왕은 '천자天子'라고 하며 지배체제의 확립에 착수했다. 주가 채용한 제도는 봉건제였다. 은나라는 지배 씨족이 전부 서울에 모여 살아가는 씨족연합 정권이었던 반면, 주나라는 일족과 공신에게 작위를 주어 제후로 세워서 지방의 지배를 맡기는 체제였다.

제후는 맡겨진 토지(봉토封土), 곧 읍邑을 세습적으로 지배할 수 있는 권리가 주어졌다. 그 대신 왕에게 세금을 바치는 일과 병역 등의 의무가 주어졌고, 주왕의 조상에게 제사를 지낼 때 참석해야 했다. 제후 밑에는 경卿과 대부大夫, 사士 등의 지배층이 이어져 있어, 좀더 작은 읍의 통치를 행하는 행정조직으로 구성되어 있었다. 또한 왕에서 사에 이르기까지의 지배 계급은 각각 공통되는 조상을 제사하는 혈연집단으로서 종족宗族을 형성했다. 종족은 본가와 분가의 관계 및 장자로 세습하게 하는 등의 질서를 규정한 종법宗法에 따라 단결했다.

■ 춘추시대에서 전국시대로

봉건제도를 펴서 지배체제를 다진 주나라의 정권은 안정된 듯 보였으나 오래가지 못했다. BC 771년에 유목 민족인 견융犬戎이 주나라의 수도 호경에 쳐들어와 유왕幽王을 죽였다. 그 압력으로 주는 다음해에 동쪽에 위치한 낙읍洛邑으로 수도를 옮겼다. 이 사건을 중심으로 수도를 낙읍으로 옮기기 전의 왕조를 서주西周라 하고, 그 이후를 동주東周라고 한다.

동주시대가 되자 왕의 권위는 점차 쇠퇴하기 시작했다. 그 대신 고개를 들기 시작한 것이 각 지방의 제후들이었다. 그들은 주왕을 떠받들어 이민족의 침입을 막는다는 명분을 내세워 세력을 넓혀갔다. 패자覇者라 불린 그들이 각 지방에서 자립하기 시작한 이때가 춘추春秋시대다. 그중 제·초·진·오·월 등 다섯 나라가 중심 세력이 되었으며, 이를 가리켜 '춘추 5패五覇'라고 한다.

그러나 BC 403년에는 다섯 나라 중 하나인 진晉이 한·위·조로 분열했다. 제후들의 세력 다툼은 더욱 격렬해져 위의 세 나라 외에 제·초·연·진秦 등 네 나라가 분립하는 시대를 맞이하게 된다. 이때를 전국戰國시대라 하며, 위의 일곱 나라를 '전국7웅七雄'이라고 부른다.

■ 제자백가

이 시대에는 사회의 변화도 활발하게 이루어졌다. 춘추시대 말기부터 철제 농기구를 쓰기 시작했고, 소를 부려 농사짓는 일도 보급되었으며, 규모가 큰 치수와 관개공사도 진전되어 농업 생산력이 향상되었다. 아울러 상공업도 발달하게 되었고, 거기에 따라 청동제 화폐가 쓰이게 되었다. 전쟁으로 혼란한 가운데서도 중국 사회는 착실하게 진화되고 있었던 것이다.

이와 같은 경제력을 배경으로 전국7웅은 부국강병책을 폈다. 새로 정복한 영토를 직할지로 하여 군郡과 현縣을 두고, 조정의 직속 관료를 파견하여 통치하는 군현제를 도입했다. 이 때문에 군체제의 성격이 중앙집권적인 것이 되었고, 봉건제도는 점차 무너지게 되었다.

사회가 혼란하던 춘추시대 말기에서 크고 작은 전쟁이 그칠 날이 없었던 전국시대에 걸쳐 각국에서는 새로운 지배 체제를 유지할 수 있는 유능한 인재와 정치사상을 찾게 되었다. 그 요구에 따라 등장한 사상가와 학파를 가리켜 제자백가라고 부른다.

진나라 시황제

■ 주요 학파

전쟁과 난리로 하루도 평안한 날이 없었던 춘추시대 말기에서 전
국시대에 걸쳐 중국에서는 여러 분야에서 문화가 발달했다. 특히 주
목할 만한 점은 공자를 비롯하여 여러 사상가가 등장하여 중국 사상
의 틀을 이루게 되었다는 사실이다.

공자는 BC 6~5세기의 인물이다. 예禮 사상을 배운 그는 '인仁'을
도덕의 이상으로 삼고, 윤리와 정치를 결부시킨 인간 중심의 사상을
주장했다. 또한 효孝(부모를 존중함)와 제悌(연상의 형제에게 순종함)를
정치의 기본으로 삼고, 주나라를 이상 국가로 내세우며, 여러 나라를
유세하여 춘추시대에 유가儒家의 시조가 되었다. 이 주장을 전국시대
에 발전시킨 것이 맹자孟子와 순자荀子다.

한편, 유가를 인위적인 것이라 하여 비판하는 일파도 있었다. 도가
道家인 노자老子와 장자莊子는 마음의 자유와 자연과의 조화를 목표로
하는 무위자연無爲自然을 주장했고, 묵가墨家인 묵자는 겸애兼愛(차별
없는 사랑)를 주장했다. 이외에도 법률로 국가질서를 바로잡아야 한
다는 법가, 논리학을 주장한 명가名家, 병법을 강조한 병가, 음양설을

주장한 음양가, 외교책을 주장한 종횡가縱橫家 등이 등장했다.

■ 진의 통일

전국7웅 중 서쪽에 위치한 진秦은 한비자의 법가 사상을 받아들여 나라를 부요하게 하고 강한 군대를 만드는 데 성공했다. 특히 효공孝公 때 정치 참모인 상앙商央의 개혁 즉, 상앙 변법變法으로 국력이 한층 강화되었다. 이와 같은 국력을 바탕으로 훗날 시황제始皇帝가 되는 제31대 진왕 정政의 치세 때 다른 6국을 멸하고, BC 221년에 중국 역사상 처음으로 전국을 통일했다. '황제'라는 새로운 칭호는 중국에서 신앙의 대상으로 숭상되는 전설상의 제왕들 위에 있는 최고의 권력을 나타낸 말이다.

전국7웅 중 후진국이었던 진이 강국으로 발돋움하게 된 것은 시황제의 아버지 장양왕莊襄王 때부터였다. 그는 '도강언都江堰'이라는 방축을 만들어 비만 오면 물난리를 겪던 민장 강(岷江) 유역을 기름진 농업지대로 바꾸어놓았다. 또한 '정국거鄭國渠'라는 운하를 만들어 가뭄 때 농업용수로 쓸 수 있게 했다. 진은 일련의 큰 사업을 통해 국력을 키우고 있었던 것이다.

■ 진의 발전

시황제는 주나라의 정치체제였던 봉건제를 폐지하고, 전국에 군현제를 시행했다. 전국에 36(후에 48)개의 군을 두고, 군과 그 아래 위치하는 현에 중앙에서 파견된 관료가 지배하는 시스템으로 만들었다. 즉, 군현제는 강력한 중앙집권체제라고 볼 수 있다.

진시황과 병마용갱. 중국 최초의 통일국가를 세웠다. 그의 무덤 진시황릉의 병마용갱이 그의 위엄을 보여준다.

　그는 또한 전국을 효율적으로 통치하기 위해 획기적인 사업도 벌였다. 화폐와 글자, 도량형(자·되·저울)과 수레바퀴의 넓이를 통일한 일 등이다. 이와 같은 사업은 중국 문명의 일원화에 이바지하게 된다. 그는 또한 전국의 부호들을 수도인 함양咸陽에 살게 하여 경제적인 통제를 가했다.

　한편, 전국시대 이래로 중국과 대립해온 흉노의 침입을 막기 위해 만리장성을 쌓았다. 원래 춘추전국시대의 왕들이 자기 나라 북방 경계에 쌓았던 것을 시황제가 크게 증축했다. 그러나 역사적으로 볼 때 만리장성이 걸림돌이 되어 중국을 침범하지 못한 북방 민족은 전혀 없었다. 때문에 만리장성을 가리켜 '쓸모없이 긴 물건(무용의 장물)'이라고 야유하기도 한다. 그는 중국을 넘보는 외국과 전쟁을 벌여 흉노를 토벌했고, 베트남 북부에도 진출했다. 진의 이름은 멀리 서양에 까지 전해져 지나支那, 곧 차이나가 되어 오늘에 이른다.

■ 진의 멸망

시황제는 중국 역사상 전국을 통일한 첫 황제라는 사실 외에 독재 자로서도 잘 알려져 있다. 강제성을 띤 개혁뿐 아니라, 엄격한 법치 주의로 전국을 통치하려 한 것도 예전 6국의 귀족과 민중의 반발을 불러 일으켰다.

그의 악명 높은 정책에 이른바 분서갱유焚書坑儒가 있다. 그는 언론 과 사상을 통제하기 위해 사상에 관한 책들을 모조리 불태웠고, '인仁'을 주장하는 유가들을 구덩이에 묻어 죽였다.

또한 향락을 위해 어마어마한 규모의 아방궁阿房宮을 지었고, 한편 으로는 황제로 즉위하면서 곧바로 자신의 큰 무덤을 만들기 위한 공 사를 시작했다. 체적으로는 이집트의 피라미드보다 더 큰 이 능은 약 8,000개에 이르는 병마용兵馬俑이라는 흙인형의 부장품으로 아주 유 명하다.

진왕 정이 중국을 통일한 후 자신의 호칭을 시황제라 한 것은 자손 대대로 황제 자리를 계승하게 하여 '제2대, 제3대 황제'로 이어져 나 가게 할 생각에서였다. 그러나 시황제는 재위 17년(재위 BC 246~210) 에 죽고, 그의 죽음과 동시에 중국 최초의 농민 반란인 진승陳勝과 오 광吳廣의 난이 일어났다. 항우도 군사를 일으켜 함양을 점령함으로써 진나라는 15년 만에 멸망하게 되었다.

지중해 세계의 형성

■ 폴리스의 성립

BC 1200년 무렵 미케네 문명이 멸망한 후 약 400년 동안은 혼란기로서 역사적 자료도 찾아볼 수 없기 때문에 암흑시대라고 부른다. 암흑시대에는 각지에 그리스 인들이 작은 국가를 세웠고, BC 8세기 중엽 이후 귀족이 정권을 쥐고 시노이키스모스(집단 형성)를 행하여 폴리스(도시국가)를 형성했다.

폴리스는 성벽으로 둘러쳐져 있고, 중앙지대 아크로폴리스(언덕)에는 수호신을 모시는 신전이 세워졌으며, 그 산자락 아고라(광장)에는 토론장과 재판소 등이 설치되어 시민의 사교장이 되었다.

폴리스를 구성하는 사람들은 귀족과 평민, 노예 등의 계급으로 나뉘었고, 평민은 대다수가 농민으로서 폴리스 주변의 클레로스(사유지)를 가족과 그리고 소수의 노예를 부려 경작했다. 농민 이외의 수공업자와 상인은 귀족들과 함께 폴리스 중심지역에서 살았다.

■ 아테네와 스파르타

그리스 인이 세운 폴리스 가운데 가장 대표적인 도시국가는 아테네와 스파르타였다. 그러나 이 두 폴리스는 정치와 사회 등 여러 면에서 대조적이었다. 스파르타는 '스파르타 교육'이라는 말을 남길 정도로 체력단련과 무술에 힘썼고, 모든 생산노동은 노예에게 시켰다. 한편, 아테네는 해상무역으로 부

올림피아 경기. 각 폴리스들의 일체감을 일구었던 올림피아 경기는 전쟁 중에도 휴전을 하고 개최되었다.

요해진 평민이 전쟁에 출전하는 중무장 보병이 되는 한편, 정치에도 참여했기 때문에 민주정치가 진보되었다.

아테네의 민주정치를 시행하는 과정에는 BC 594년의 솔론의 개혁과 한 차례 독재 정치를 겪은 후 BC 508년의 클레이스테네스의 개혁 등이 있다. 클레이스테네스는 시민을 30개의 데모스(구) 별로 등록하게 했고, 각 데모스에서는 18세 주민은 시민권을 얻어 정책을 결정하는 총회에 참여할 수 있었다. 그는 도편추방陶片追放(오스트라키스모스)을 만들어 참주僭主의 등장을 막고 민주정치의 기반을 굳혔다.

한편, 스파르타에서는 60세 이상의 남자 시민으로 구성된 장로회가 실권을 쥐고 있었다. 참정권이 없는 선주민을 페리오이코이라고 부르며 군대 복무의 의무를 지게 했고, 피정복민인 아카이아 인을 국유 노예로 부리며 헬로트라고 불렀다. 또한 7～20세의 남자는 국가 부담으로 교육을 실시했고, 국가에 대한 충성을 최고 목표로 하는 군국주의 교육으로 강력한 국가를 이룩했다.

■ 페르시아 전쟁

BC 500년에 아테네는 페르시아의 지배를 받고 있는 밀레투스 등 식민 도시가 일으킨 반란을 지원했다. 이 때문에 그리스와 페르시아 사이에 세 차례에 걸친 페르시아 전쟁(BC 546경~448경)이 일어났다.

제1차는 페르시아 군이 그리스 북부를 점령했으나 폭풍우 때문에 철수했다. 제2차는 에게 해에서 공격한 페르시아 군이 상륙에 성공했으나, 마라톤 전투(BC 490)에서 아테네 군에게 졌다. 제3차는 육로로 침공한 페르시아 군이 테르모필라이 전투에서 승리하여 아테네를 점령했으나, 살라미스 해전(BC 480)에서 그리스 함대에게 패하여 페르시아 군은 다시 철수했다.

그리스의 각 폴리스는 페르시아 제국의 다시 있을지 모를 공격에 대비하여 아테네를 맹주로 델로스 동맹을 맺었다. 이 무렵 페리클레스에 의한 국정 쇄신이 이루어져, 행정은 제비뽑기로 뽑힌 시민 500명으로 구성된 평의회에서 행하는 민주정치가 완성되었다.

그러나 아테네를 시샘하는 스파르타를 중심으로 하여 BC 5세기 후반에 펠로폰네소스 동맹이 결성되면서 아테네 측과 스파르타 측 사이에 전쟁이 일어났다(BC 431~404). 이 전쟁에서 페르시아 제국의 원조를 받아 펠로폰네소스 동맹이 승리했으나, 그리스는 공동체 의식을 잃고 내분과 혼란이 계속되던 끝에 BC 4세기 중엽 북방의 마케도니아 왕 필리포스에게 정복되었다.

■ 그리스 문화와 헬레니즘

그리스 인은 자유로운 폴리스 시민의 특질을 살려 독특한 문화를 창조했다. 그들의 종교는 다신교로서, 올림포스의 12신을 묘사한 그리스 신화가 창작되었다.

문학에서는 서사 시인 호메로스, 노동을 예찬한 헤시오도스, 여류 서정 시인 사포, 3대 비극 시인인 아이스킬로스와 소포클레스, 에우리피데스, 희극 시인 아리스토파네스 등이 명작을 남겼다.

역사에는 헤로도토스와 투키디데스, 미술에서는 도리아 건축의 파르테논 신전과 페이디아스가 조각한 '아테나 여신상' 등이 대표작이다.

철학에는 '만물의 근원'을 탐구한 탈레스, 프로타고라스 등 소피스트들, 아테네 쇠퇴기에는 그리스 3대 철학자로 불리는 소크라테스와 플라톤, 아리스토텔레스가 등장했다.

한편, 필리포스 2세의 뒤를 잇는 알렉산더 대왕(재위 BC 336~323)은 그리스 문화에 오리엔트 문화를 접붙여 세계 시민주의적인 헬레니즘 문화를 창조했다. 이 시대에 기하학의 유클리드, 물리학의 아르키메데스, 태양 중심설의 아리스타르코스 등이 등장했다.

로마 제국

■ 도시국가 로마와 공화정

이탈리아 인의 일파인 라틴 인이 BC 753년 테베레 강 하류에 나라를 세웠다고 전해지는 것이 로마다. 6세기 말쯤 라틴 인의 귀족이 토착민인 에트루리아 인의 왕을 쫓아내고 공화정을 수립했다.

그 당시 로마에는 귀족과 평민, 노예 계급이 있었다. 그러나 이 공화정은 귀족 정치로서, 행정과 군사를 담당하는 2명의 콘술(집정관)이 통치권을 쥐었고, 귀족을 종신 의원으로 하여 국가의 입법과 행정, 재정, 종교 등의 결정권을 가지는 원로원이 국정의 중심이 되었다.

그러나 BC 5세기 무렵부터 국방의 주력을 차지하는 중무장 보병으로 활약한 평민들의 발언권이 강해져 평민회가 결성되었다. 평민회에서 선출된 호민관이 원로원의 결의에 대하여 거부권을 행사할 수 있게 되었고, 이로써 평민의 권리는 법률상 귀족과 같은 수준이되었다. 그러나 원로원과 귀족의 힘은 여전히 강하여 민주정치는 이루어지지 못했다.

■ 그라쿠스 형제의 개혁

BC 5세기부터 로마는 다른 라틴 인 도시국가와 동맹을 맺어 BC 3세기 전반까지 이탈리아 반도를 통일했다. 통일한 후 정복당한 도시들이 손잡고 반항하는 것을 막기 위해 각 도시마다 권리와 의무에 차등을 두는 분할통치를 폈다. 믿지 못할 동맹시에는 군복무의 의무만 떠맡겼을 뿐, 시민권은 주지 않았다.

로마의 호구조사. 맨 오른쪽 병사가 지켜보는 가운데 가족·토지·노예의 수를 신고하는 시민들.

반도를 통일한 로마는 숨 돌릴 틈도 없이 지중해 정복에 나섰다. 로마 인은 페니키아 인이 세운 카르타고와 세 차례에 걸쳐 전쟁을 하여(BC 264~146) 정복하고, 동방 여러 나라들을 차례로 쳐서, BC 2세기 말까지는 지중해 지역이 거의 다 로마의 차지가 되었다.

로마가 정복한 각 속주로부터 많은 노예와 값싼 곡물이 로마로 흘러들어오면서 로마는 노예제에 기초한 라티푼디움(대토지 소유제)을 시행했다. 넓은 토지 소유자가 벌족閥族(원로원의 지배를 지키려고 하는 로마 공화정 말기의 당파)을 형성하는 한편, 중무장 보병으로 활약한 중소 농민은 몰락하여 무산 시민과 함께 유력자의 사병私兵이 되었다. 이때 호민관이 된 그라쿠스 형제는 토지의 재분배와 토지 소유의 제한을 행했다. 그러나 벌족이 차지하고 있는 원로원의 반대로 형은 암살당하고 아우는 자살했다.

BC 1세기가 되자 동맹시가 로마 시민권을 요구하며 전쟁을 일으
키고, 노예 반란이 일어나 로마 사회는 혼란스러워졌다. 결국 카이사
르는 폼페이우스, 크라수스와 더불어 제1차 3두三頭정치를 펴게 되었
다. 크라수스는 전사하고, 갈리아 원정을 승리로 이끈 카이사르는 폼
페이우스를 쳐부수고 독재정권을 세웠다. 이로써 로마의 공화정은
사실상 무너졌다. 그후 카이사르는 이집트를 원정하여 클레오파트라
를 이집트의 왕으로 세우기도 했으나, 결국 브루투스 등 공화파 일당
에게 암살당했다.

그후 카이사르의 양자인 옥타비아누스는 안토니우스와 레피두스
와 제2차 3두정치를 실시하여 원로원에 대항했다. 그러나 이 3두정
치도 오래가지 못하고, 옥타비아누스는 클레오파트라와 동맹을 맺은
안토니우스를 악티움 해전에서 격파했다. 이로써 프톨레마이오스 왕
조 이집트는 멸망했다. 옥타비아누스에 의해 지중해를 포함한 로마
의 정치적 통일이 달성되었다.

■ 로마 제정의 쇠퇴

옥타비아누스는 원로원으로부터 아우구스투스(존엄자)라는 칭호를
수여받고, BC 27년에 제정帝政을 개시했다. 그 정치는 공화정의 전통
을 존중한 것으로서 프린키파투스(元首政)라고 말한다.

아우구스투스 황제 때부터 5현제시대까지의 약 200년 동안 로마
는 넓은 영토를 차지하여 속주屬州 지배를 하면서 '팍스 로마나'(로마
의 평화)라는 전성기가 이어진다. 이 시기에 교통망의 정비뿐 아니라,

화폐와 도량형의 정비가 이루어졌고, 계절풍 무역에 따른 경제활동이 활발하게 이루어졌으며, 로마 군의 주둔지였던 런던과 파리와 빈 등 새 도시가 건설되었다.

3세기 카라칼라 황제 때 속주의 자유민에게 로마 시민권이 주어지고 로마 세계는 넓어졌다. 그러나 다른 한편 게르만 족 등 주변 민족의 침입이 심해졌으며, 힘을 가진 각 지역의 군대가 자기들 마음대로 황제를 세웠다가는 살해하는 혼란기가 반복되었다. 이 시기를 군인황제시대라고 하며, 군인으로는 게르만 인을 용병으로 고용하는 일이 증가하게 되었다. 이 모든 일이 로마의 멸망을 예고하는 징조였다.

디오클레티아누스 황제(재위 285~305)가 원수정을 동방적인 전제적 군주정 방식으로 통치해도 효과가 없었고, 콘스탄티누스 황제(재위 306~337)가 기독교를 공인해도 로마 제국의 쇠퇴를 돌이킬 수는 없었다.

결국 로마 제국은 395년에 동서로 분열되었다. 그중 서로마 제국은 476년에 게르만 인 용병대장에 의해 멸망했고, 동로마 제국은 비잔틴 제국으로 1453년까지 이어졌다.

기독교

■ 메시아를 기다리는 사람들

예수가 탄생한 유대는 오랫동안 그리스(시리아)의 지배하에 있다가 BC 63년 로마의 폼페이우스에 의해 정복당하고 아우구스투스 때 속주가 되었다. 로마의 지배를 받는 유대 인들은 일신교인 유대 교를 지키고, 예루살렘 성전을 중심으로 하나님께 예배하며, 메시아(구세주)가 등장하여 로마의 지배로부터 해방시켜줄 날을 기다리고 있었다.

그 당시의 유대 교는 사두가이 파 사람들이 대제사장을 비롯하여 정치적인 중요한 자리를 차지하고 있었고, 바리사이 파 사람들 중에는 율법학자가 많아 민중에게 영향력을 가지고 있었다. 그러나 바리사이 인들은 율법을 복잡하게 지키고 있었고, 가난한 사람들을 '땅의 백성'이라 하며 사람으로 대하지 않았다.

BC 4년쯤 팔레스타인 북부 나사렛 마을에서 자라난 예수는 제사장들의 타락을 비판하고, 바리사이 인들의 형식주의를 꼬집어 말했다. 그는 하나님의 사랑은 율법을 지키지 않는 사람에게도 평등하게 주어지며, 하나님의 나라가 가까이 임했다고 가르쳤다.

■ 기독교의 형성과 전파

예수 그리스도(BC 6경~30경)는 율법만 내세우는 바리사이 파 사람들을 위선자라고 저주했다. 그들은 희게 "회칠한 무덤" 같아서 "겉은 아름답게 보이지만, 그 속에는 송장의 뼈와 온갖 더러운 것이 가득하다"고 꾸짖었다. 이 때문에 바리사이 파 사람들의 미움을 사게 된 예수는 선동자로서 로마 총독 빌라도에게 고발되었다. 예수는 십자가에 못 박혀 죽었으나, 그가 죽은 지 3일 만에 부활했다는 신앙이 확산되면서 기독교가 성립되었다. 고난의 결과로 생겨난 기독교는 그 후 전 세계로 퍼져나가게 된다.

예수의 수제자였던 사도 베드로와 유대 교에서 개종한 바울로는 목숨을 걸고 기독교를 전했다. 특히 바울로는 "하나님의 아들 예수는 사람이 되어 인간의 죄를 대신 지셨다"고 주장하며 전도했다. 이와 같은 전도의 결과로 교회는 예루살렘뿐 아니라, 소아시아와 그리스, 로마에도 세워졌다. 또한 예수의 가르침과 그의 행동을 기록한 복음서와 사도들의 편지 등을 모은 신약성서도 만들어졌다.

기독교가 최초의 세계 종교가 된 것은 유대 교와 같은 선민의식에서 비롯되는 배타성이 없기 때문이다. 기독교는 하나님 앞에서 모든 사람은 평등하다고 가르친다. 또한 유대 교의 형식적인 의식과 율법 대신 회개와 신앙을 중요하게 여긴다.

■ 기독교와 로마 제국

기독교는 처음에 로마 제국의 대중과 노예 사이에서 퍼지고 있었으나, 어느 정도의 시간이 흐르자 점차 상류층에게도 파고들게 되었

카타콤. 로마 제국의 탄압을 피해 기독교인들이 비밀 예배를 보았던 지하묘지. 수많은 벽화가 초기 기독교의 모습을 전해준다.

다. 이로 인해 박해가 일어날 것은 당연한 일이었다. 기독교에 반발한 것은 유대 교를 믿는 유대 인 지도층만이 아니었다. 기독교 신자는 로마의 신들을 부정하고, 황제에게 경의를 표하지 않는다고 하여 로마 제국으로부터도 적대세력으로 낙인이 찍히게 되었다.

그 결과 네로 황제 때 기독교에 대한 박해가 일어나게 된다. 네로 황제는 로마에서 일어난 큰 화재를 기독교인의 탓으로 돌리면서 그들을 처형했다. 그리스도를 믿는 신도들은 카타콤이라는 지하묘지를 집회 장소로 하고 신앙을 지키며 전도에 힘써서, 믿는 사람들은 날이 갈수록 늘어났다.

어쩌면 절대적인 종교가 뿌리를 내리는 일은 상대적인 현실 세계에서 있을 수 없는 일임에도 불구하고 기독교는 승리했다. 이는 예수의 가르침이 훌륭했기 때문이었음은 더 말할 것도 없고, 기독교에만 있었던 순교 정신의 결과였다.

그외에 다음과 같은 역사적 사정을 고려할 수 있다. 그 하나는 당시 주도적 사조思潮였던 헬레니즘의 풍조가 만인을 위한 신을 주장하는 코스모폴리탄적인 기독교 전파에 긍정적이었다는 것, 다른 하나는 정치적 통일체를 이루었던 로마 제국이 기독교로 하여금 유대 인 민족 종교로부터 민족을 초월하는 세계 종교로 발전하기 위한 발판이 되었다는 것 등을 말할 수 있다.

■ 로마 제국의 국교가 된 기독교

기독교를 박해하던 로마 제국이 313년에 기독교를 공인한 것(밀라노 칙령)은 이 종교를 정치에 이용하기 위해서였다. 그 배경에는 점점 쇠퇴해가는 제국을 다시 통일하고자 하는 콘스탄티누스 황제의 야심이 있었다.

4세기 초에 디오클레티아누스 황제가 대대적인 박해를 가했으나, 기독교인은 줄어들지 않고 로마 시민의 10%가 기독교 신앙을 지켰다. 제국의 구심력을 강화하기 위해서는 기독교인의 지지가 절대적으로 필요하게 되었다. 그 결과 4세기 말에는 테오도시우스 황제에 의해 기독교는 로마 제국의 국교가 되었다.

그에 앞서 325년에 열린 니케아 종교회의에서는 아타나시우스가 주장한 하나님과 예수 그리스도의 동질설同質說이 정통 신앙으로 인정되었다. 시간이 흐르면서 교회에 조직적인 변화가 생겨났다. 그것은 성직자와 일반 신도의 구별이다. 특히 베드로의 후계자로 선출된 로마 주교는 '교황'이 되어 오늘에 이르고 있다.

주머니 속의 세계사

3장 유럽과 아시아의 중세시대

이슬람 세계

■ 이슬람 교의 성립

이슬람 교가 성립되는 배경에는 비잔틴 제국과 사산 왕조 페르시아의 대립이 있었다. 당시의 상인들은 양국의 분쟁에 휘말리지 않기 위해 아라비아 반도 서쪽 해안의 육로로 무역을 했다. 이 때문에 중계도시인 메카와 메디나가 갑자기 번영하게 되었다.

그러나 대상인에게 이익이 독점되었기 때문에, 빈부의 차가 벌어지게 되고 아랍 사람들의 생활은 어려워지게 되었다. 또한 사람들은 기독교와 유대 교를 알게 되면서, 그때까지 다신교에 기초한 카바 신전의 검은 돌을 믿는 바윗돌 신앙에 대해 의심을 품게 되었다.

이런 상황에서 등장한 것이 메카의 상인 마호메트(570경~632)였다. 그는 신의 계시를 받아 예언자가 되었고, 썩은 세상을 구원하기 위해 이슬람 교를 열었다.

알라 앞에서는 모두 평등하다는 그의 주장에 대해 메카의 부유층은 그를 박해했다. 박해를 피해 622년에 메디나로 옮겨간 그는 무슬림을 조직하여 630년에 메카를 정복하게 된다. 마호메트가 메카에서 메디나로 피신했던 일을 하지라(성천聖遷)라고 하며, 이 해는 이슬람 달력에서 기원 원년이 되고 있다.

■ 정통 칼리프 시대

이슬람이란 '알라에게 귀의하여 절대 복종한다'는 뜻이며, 경전 〈코란〉은 마호메트의 가르침을 후계자들이 정리한 것이다. 무슬림은 여섯 가지 믿음(알라, 천사, 코란, 예언자, 내세, 천명)과 다섯 가지 행위 (고백, 예배, 금식, 구제, 순례)를 실행해야 한다.

마호메트의 후계자를 칼리프라고 하며, 제4대까지의 칼리프는 실제로 마호메트에게 교훈을 받았기 때문에 '정통 칼리프'라고 한다. 그들은 페르시아를 정복하고, 비잔틴 제국의 영토였던 시리아와 팔레스타인을 빼앗았으며, 이집트를 굴복시켜 영토로 삼았다. 이와 같은 아랍 인의 지하드(거룩한 전쟁)는 일종의 민족이동이었고, 지하드에 참가하는 것은 무슬림으로서의 의무였다.

그러나 제국이 확대되면서 권력투쟁이 벌어졌다. 시리아 총독이 된 무아위야는 661년에 제4대 칼리프 알리를 암살하고 스스로 칼리프가 되었다. 그는 다마스쿠스에 도읍하여 옴미아드 왕조를 세우고 칼리프를 세습했다. 그러나 750년에 마호메트 숙부의 자손인 아바스는 옴미아드 왕조를 쓰러뜨린 후 아바스 왕조(750~1258)를 세우고, 수도를 바그다드로 옮겼다.

■ 아랍 제국의 발전

아바스 왕조에게 패해 이베리아 반도로 피신한 옴미아드 왕조의 일파는 756년에 수도를 코르도바로 정하고, 후 옴미아드 왕조(서칼리

| 이슬람 군대. 이들은 평등의 교의에 따라 움직였기에 단결력이 강해 무적의 군대가 되었다. |

프)를 세웠다. 무아위야에게 패한 알리의 당파를 시아 파(시아는 알리를 지지한다는 뜻)라 하고, 옴미아드 왕조를 지지한 당파를 수니 파(수니는 관행과 규범에 순종한다는 뜻)라고 부른다.

옴미아드 왕조는 8세기 초에 전성기를 맞았다. 그 영토는 동쪽으로 인더스 강 유역까지 이르렀고, 서쪽으로는 북아프리카를 거쳐 이베리아 반도까지 진출했다. 정통 칼리프 시대부터 옴미아드 왕조까지를 아랍 제국이라 부른다. 이 시기에 아라비아 어가 공용어가 되고, 아랍 인의 특권적 지배가 행해졌기 때문이다. 그리고 옴미아드 왕조 이후를 이슬람 제국이라 부르며 아랍 제국과 구별하고 있다.

이슬람 제국도 전성시대를 지나자 분열하기 시작했다. 그 결과 이슬람화한 투르크 인이 세력을 키우기 시작했다. 그들은 9세기 중엽에 카라한 왕조를 세우고, 아프가니스탄에 가즈나 왕조(977~1186)를 세웠으며, 거기서 독립한 고르 왕조(1187~1215)는 인도의 이슬람화에도 이바지했다. 11세기에 투르크 인은 셀주크 왕조를 세우고, 바그다드에 진출하여 술탄의 칭호를 얻은 후 아바스 왕조의 지배자가 되었다.

■ 이슬람 문화

이슬람 문화는 이슬람 교와 아라비아 어를 바탕으로 하여, 그리스와 페르시아, 그리고 인도 등의 문화적 요소를 받아들여 발전시킨 독자적인 융합 문화다. 그 학문은 아랍 인의 '고유문화'와 아랍 인 이외의 다른 민족을 기원으로 하는 '외래문화'로 나뉜다.

자연과학에서는 인도 숫자를 고친 아라비아 숫자가 만들어졌고, 제로의 개념이 발달했다. 화학에서 쓰고 있는 알코올이나 알칼리라는 말은 아라비아 어에서 생겨난 것이다.

지리학은 모로코 출신의 이븐 바투타가 이베리아 반도와 북아프리카 및 서아시아로부터 인도와 중국에 이르는, 약 30년 동안의 대여행을 한 후 《3대륙 주유기》를 저술했다.

문학에서는 《아라비안 나이트》와 페르시아의 민족 서사시 〈샤나메〉 그리고 세계명작으로 평가되는 《루바이야트》가 있다.

미술과 건축 분야의 경우 무슬림의 예배당으로 건설된 모스크는 돔(둥근 지붕)과 미나레트(뾰족탑)를 합친 것으로서, 그 장식은 아라베스크(기하학 무늬)라 일컫는다. 이슬람 건축의 대표작으로 유명한 '붉은색'이란 뜻의 알람브라 궁전도 이 무렵에 건축된 것이다.

십자군

■ 십자군의 배경과 원인

11세기 무렵의 서부 유럽에서는 세력 확대의 기운이 높아지고 있었다. 이탈리아 여러 도시가 동방무역 확대를 위해 지중해 동부로 진출한 것과, 기독교인이 이베리아 반도에서 이슬람 세력을 몰아내려는 레콩키스타(국토회복운동)의 전개, 그리고 유럽 사회 전체가 안정되어 있었던 것이 그 배경이 되었다.

한편, 7세기 때부터 기독교의 성지 예루살렘이 이슬람 교도의 지배 아래 들어가 있었다. 기독교에서는 성지를 찾아야 한다는 움직임이 높아가고 있었다.

이런 상황 속에 셀주크 왕조가 아나톨리아를 침략하자, 비잔틴 황제 알렉시우스 1세는 수도 콘스탄티노플의 함락 위기를 느끼고, 로마 교황 우르바누스 2세에게 구원을 요청했다. 우르바누스 2세는 클레르몽 공의회에서 비잔틴 제국 중심의 그리스 정교회와 서유럽 중심의 로마 가톨릭 교회의 통일을 목표로 성지 회복을 호소하여 십자군이 결성되었다.

■ 참가자의 동기

십자군은 군인들이 가슴에 십자표를 한 데서 붙여진 이름으로, 국왕과 제후諸侯, 기사, 상인, 그리고 농민 등이 동원되었다. 십자군의 목적은 이슬람 세력으로부터의 성지 예루살렘의 탈환이었으나, 동원된 사람들의 십자군 참가 동기는 그 입장에 따라 제각기 달랐다.

국왕과 제후, 기사들은 영토 확대와 전리품에 눈독을 들였고, 상인들은 상업 거점 확보와 무역 확대를 노려 십자군에 참가했다. 그것은 베네치아 상인이 십자군과 "우리가 차지하는 모든 토지나 화폐 중에서 우리는 그 반을 가진다"라며 계약을 맺은 일에서도 나타나 있다. 또한 농민층은 빚을 탕감받고 노예 신분에서 풀려나기를 바라고 있었다. 그리고 교황은 십자군의 성공에 따른 교황권의 절대화를 겨냥하고 있었다.

이 십자군은 로마 교황 우르바누스 2세에 의해 이슬람 교도에 대

십자군의 예루살렘 점령. 제1차 십자군이 5주간의 포위 끝에 점령, 무차별 학살을 자행했다.

한 거룩한 전쟁으로 규정되었다. 그러나 이슬람 교도 편에서 말한다고 한다면 이 전쟁은 '학살전쟁'이었다. 아무 죄도 없는 남녀노소가 단지 기독교인이 아닌 이교도라는 이유로 무참하게 살해되었다.

제1차 십자군은 아귀 떼같이 갖은 못된 짓을 저질렀다. 기독교인이 무슨 말로 정당화하든, 비잔틴 제국 측과 이슬람 교도 측에서 볼 때 십자군은 야만스런 행위를 하는 집단이었다. 즉, 십자군 원정은 거룩한 전쟁이라는 이름을 내건 무자비한 침략전쟁이었다.

■ 십자군 전쟁의 경과

1096년에 제1차 십자군 원정이 있은 후 약 200년 동안(~1270)에 걸쳐 모두 여덟 차례의 십자군 원정이 행해졌다. 제1차 전쟁에서는 프랑스의 제후와 기사를 중심으로 해서 예루살렘을 점령하고 팔레스타인에 예루살렘 왕국을 세웠다.

그러나 얼마 후 셀주크 투르크의 반격이 시작되었다. 결국 예루살렘 왕국도 아이유브 왕조의 살라딘에게 정복당했기 때문에 제3차 십자군 전쟁이 벌어졌다.

제3차 때는 영국 왕 리처드 1세와 프랑스 왕 필리프 2세, 그리고 신성 로마 황제 프리드리히 1세가 참가했다. 그들은 아코를 점령했으나, 프리드리히 1세가 물에 빠져죽는 사건이 발생하자 전쟁을 더 이상 할 수 없게 되었다. 때문에 리처드 1세가 살라딘으로 하여금 기독교 순례자의 안전을 약속하게 하고 전쟁을 끝냈다.

제4차(1202) 때는 베네치아 상인들의 농간으로 팔레스타인이 아닌 콘스탄티노플을 공격하여 라틴 제국을 세웠다. 이 전쟁은 순전히 베네치아 상인들의 동방무역 확대를 노린 원정으로서, 성지 회복의 목적과는 아무 관계도 없었다.

그중에도 십자군이 큰 타격을 입은 것은 소년 소녀 3만 명이 출전한 이른바 '소년 십자군'(1212)이다. '거룩한 전쟁'에 순수한 마음으로 참가한 그들을 어른들은 도중에 노예로 팔아버렸다.

제5차의 카이로 공격도 본래의 목적과는 벗어나고 말았다. 비록 성지를 차지했으나(1229), 1244년에는 다시 이슬람 세력에게 내주게 되었다. 그리고 1291년에 최후의 거점이었던 아코가 함락되면서 십자군 원정은 실패로 막을 내렸다.

■ 십자군의 영향

십자군은 신의 이름을 내세운 침략전쟁으로서, 서유럽에 끼친 영향은 한없이 크다. 우선 로마 교황의 권위가 흔들리게 되었다. 전쟁에 참가한 제후와 기사는 많은 전쟁 비용과 전사 등으로 몰락했다.

그러나 국왕은 십자군의 총지휘자로서 권위를 강화했고, 영지를 확대하여 중앙집권 제도를 세우는 빌미를 만들었다. 상인들도 동방무역이 활발해지며 서유럽 내부에서의 상업활동이 활발해졌다.

십자군 원정은 교통의 발달을 가져왔고, 아울러 이탈리아 북부 여러 도시는 눈부시게 발전했다. 또한 프랑스 여러 도시가 가담하여 지중해 교역권과 북유럽 교역권이 성립하면서 화폐경제가 발달했다. 문화적으로는 이슬람 문화와 비잔틴 문화가 접하게 되면서 르네상스로 가는 길을 열었다.

오스만 투르크

■ 오스만 제국의 성립

소아시아는 13세기 중엽까지 셀주크 왕조의 영토였다가 일한국에 정복당하기도 하는 등 여러 세력이 교체되었다. 13세기 말에 강한 힘을 가진 무리가 등장하게 된다. 몽골 족에게 쫓겨온 투르크 계의 오스만 베이(족장이라는 뜻)가 거느리는 세력이었다. 그들은 셀주크와 비잔틴 국경 지대에 이슬람 왕조를 세웠다. 이것이 후에 제국으로 발전하는 오스만 왕조였다.

바로 같은 시기에 중앙 아시아에서는 칭기즈 칸의 자손이라고 칭하는 티무르가 등장하여 사마르칸트를 수도로 하는 나라를 세웠다. 그는 중앙 아시아에서 이란과 이라크까지 지배하는 티무르 제국을 건국했다. 오스만 왕조의 앞을 가로막은 것은 그들이었다.

오스만 왕조도 소아시아에서 지배 지역을 넓혀 서쪽으로 발칸 반도에 진출하여 비잔틴 제국의 영토를 빼앗았고, 14세기 말에는 헝가리 왕이 거느리는 유럽 여러 나라의 연합군과 싸워 이겼다. 그때 오스만 제국은 소아시아에 진출한 티무르 제국과 부딪치게 되었다. 1402년에 있은 앙카라 전투에서 오스만 제국은 크게 패하고 말았다.

■ 오스만 제국의 번영

제국을 건설하려는 야망을 지닌 오스만 왕조는 티무르 제국에 패해 한때는 부족이 멸망할 수밖에 없는 고비를 맞기도 했으나, 티무르의 죽음으로 다시 숨통이 트이게 되었다. 오스만 왕조는 지도자를 잃은 티무르 제국을 공격하여 단숨에 세력을 회복했다.

잠시 중단했던 침략을 다시 시작하게 된 오스만 왕조가 겨눈 첫

오스만 1세. 오스만 왕조를 연 오스만 베이. 몽골의 세력이 쇠퇴하던 13세기 말에 일어난 군소국가 중 최강의 제국을 세운 영웅이었다.

대상은 비잔틴 제국이었다. 이때 오스만 왕조의 지도자는 21세의 앳된 청년인 제7대 술탄(군주) 메메드 2세(재위 1451~1481)였다. 그는 튼튼한 방어 때문에 함락시킬 수 없다는 콘스탄티노플의 두 겹 성벽을 기습작전으로 공격하여 1454년에 승리했다. 그리고 그 이름을 이스탄불로 고치고 수도를 그곳으로 옮겼다.

콘스탄티노플은 로마 제국으로부터 비잔틴 제국까지 약 1,100년 동안 외부의 침략을 막아온 기독교의 중심지였다. 때문에 이슬람 세력이 그곳을 빼앗은 것은 역사적인 큰 사건이었다.

오스만 왕조는 진격을 계속하여 15세기 말까지는 발칸 반도의 세르비아와 알바니아를 병합했고, 흑해 북쪽에 위치한 크림 칸 왕국도 정복했다. 1517년 셀림 1세 때는 이집트의 맘루크 왕조를 정복하여 시리아와 이집트까지 차지했다.

■ 오스만 제국의 전성시대

셀림 1세(재위 1512~1520) 때부터 정치적 주권자인 술탄이 칼리프를 겸하는 '술탄 칼리프 제'가 성립되었다. 오스만 왕조의 지배체제는 술탄을 정점으로 한 군사국가로서, 관료에게는 땅을 나누어주는 한편 군사적인 의무도 지게 했다.

오스만 제국의 전성기는 16세기 중엽의 제10대 쉴레이만 1세(재위 1520~1566) 때였다. 그 영토는 이라크 남부와 아프리카 북부에서 유럽의 헝가리까지 뻗어나갔다. 쉴레이만 1세는 정복의 고삐를 늦추지 않고, 1529년에는 오스트리아의 수도 빈까지 공격했다. 1538년에는 프레베자 해전에게 에스파냐와 베네치아 및 로마 교황의 연합함대와 싸워 지중해의 제해권도 차지했다.

오스만 제국 군대는 두 부류의 군인으로 구성되어 있었다. 그 하나는 투르크 인인 시파히(기병)와 기독교에서 이슬람으로 개종한 예니체리(술탄의 근위병)로서, 이 두 부류로 구성된 군대가 힘을 합쳐 막강한 군사력을 자랑했다.

쉴레이만 1세 당시 오스만 투르크는 아시아와 아프리카 그리고 유럽의 3개 대륙에 걸친 대제국이 되었고, 동서무역의 이익을 독차지하여 부강한 나라가 되었다.

■ 황혼기를 맞은 오스만 제국

오스만 제국의 지중해 제해권은, 서양인의 신항로 개척을 더욱 자극하여 기독교 국가와의 대결은 피할 수 없게 되었다. 그 결과 1571년에 레반토 해전이 터지게 되었다. 당시 에스파냐의 펠리페 2세는 신대륙에서 금과 은을 들여와 나라의 번영을 누리고 있었다. 두 세력의 해전 결과 에스파냐가 승리하여 오스만 제국은 점차 힘을 잃게 되었다.

오스만 제국은 레반토 해전의 패배를 육지에서 분풀이하기 위해 1683년에 두 번째로 빈을 포위했다. 빈을 함락시킨 후 유럽으로 쳐들어갈 예정이었다. 그러나 오스트리아와 베네치아, 폴란드의 연합군과의 싸움에서 패해 1699년에 카를로비츠 강화조약을 맺고, 이미 차지하고 있던 헝가리 등의 영토까지 다시 돌려주었다.

그뿐만 아니라, 서양에서는 동서무역의 다른 경로인 인도 항로를 발견하여 그 항로를 이용하게 되자, 그때까지 제해권을 쥐고 독차지했던 무역의 이익도 크게 줄어들고 말았다.

그러나 풍부한 재원은 풍부한 문화를 꽃피게 했다. 수도를 중심으로 하여 투르크 이슬람 문화가 무르익었다. 당시의 대표적인 건축물로는 이스탄불의 쉴레이만 사원 등이 있다. 학문에서는 특히 천문학과 지리학, 해양학이 크게 발달했다.

몽골 제국

■ 분열된 중국

진나라가 멸망한 후 패권을 쥔 것은 장안을 수도로 정하고 한漢(전한)을 세운 유방劉邦이었다. 한은 북방의 이민족인 흉노를 쫓아내고, 한반도 북부와 베트남 중부까지 영토를 넓혔다. 그로 인해 국가 재정이 악화되고 사회불안이 커지자, 한이 쓰러지고 15년 동안 신新의 시대가 되었다. 그러나 곧 후한이 나라를 찾았으나, 국력이 날로 쇠퇴하여 영웅들이 지역을 갈라 버티는 시대가 되었다.

여기서 이겨 살아남은 나라가 위魏·오吳·촉蜀로서, 이 삼국이 겨루던 때가 삼국시대다. 삼국 중 가장 힘이 강했던 위는 263년에 촉을 멸했으나, 집안 다툼으로 정권이 안정을 찾지 못했다. 그 기회를 틈타 훗날 무제武帝가 위를 멸하고 265년에 진晉을 세웠다. 그는 280년에 오도 멸하면서 중국을 통일했다.

그러나 진도 후계자 다툼으로 나라가 혼란해지자 5호五胡라고 불리는 중국 안의 이민족 세력이 고개를 들었다. 4세기에 들어서면서 중국 남부지역은 진의 후예인 동진東晉이 지배했으나, 북부에는 5호와 16개의 작은 나라들이 세력 다툼을 하게 되었다.

■ 몽골 제국의 성립

중국이 북(화북)과 남(화남)으로 분립하는 구도는 각국의 지배자들이 바뀌면서도 한동안 지속되었다. 이런 상황에 마침표를 찍은 것은 589년에 남조를 멸하고 중국을 통일한 수隋였다. 그러나 수는 38년 만에 망하고, 당唐이 통일 왕국을 지배했다.

당 때에는 농업 생산과 상공업도 발전하여 비교적 안정된 시대를 누릴 수 있었다. 그러나 8세기가 되자 국가의 제도는 지켜지지 않았고, 각지에서 반란이 일어나 당은 907년에 멸망했다. 이후 5대10국五代十國이 흥망을 거듭하는 난세가 되지만, 960년에 송宋이 다시금 통일을 이루게 된다.

이 송을 위협한 것이 북방의 이민족이었다. 12세기에 여진족이 건국한 금金은 1125년에 송과 손잡고, 역시 유목민이 건국한 요遼를 멸했다. 그 여세를 몰아 금이 송의 영토로 밀려와 수도인 개봉開封을 점령했다. 송은 회하 남으로 피하여 화남에서 남송을 재건했다.

이때 등장한 것이 몽골이었다. 요가 멸망한 후 몽골 고원에서는 유목민족 테무진이 여러 부족을 통일하고, 1206년 쿠릴타이(부족장 회의)에서 칸(군주)이 되어 칭기즈 칸(태조)이라는 칭호를 받았다. 이렇게 몽골 제국이 성립되었다.

■ 몽골의 전성시대

칭기즈 칸은 막강한 기병으로 중앙 아시아를 석권한 후, 인도 서부와 러시아 남부까지 진출하여 동서 교통로의 안전을 확보하고, 이어 서하西夏도 멸했다.

몽골의 유럽 원정. 우딘이 저술한 《종합》의 삽화. 몽골 군은 뛰어난 기동력으로 유럽을 공포에 떨게 했다.

　제2대 오고타이 칸은 1234년에 금을 멸한 후 바투에게 서방 정복을 명했다. 그는 1241년의 발슈타트 전쟁에서 독일과 폴란드의 연합군을 격파했다. 제4대 몽케 칸은 동생 훌라구를 서아시아로 보내 바그다드를 점령하게 했고, 쿠빌라이를 남아시아로 보내어 티베트를 정복했다. 쿠빌라이는 한반도의 고려까지 굴복시켰다. 이리하여 몽골 제국은 유럽에서 아시아에 이르는 대제국으로 발전하게 된다.

　칭기즈 칸은 만년에 동생과 아들들에게 정복한 나라를 나누어주는 정책을 폈다. 그 결과 종주宗主가 직할하는 몽골 지방 외에 여러 나라가 분립하게 되었다. 러시아의 킵차크 한국, 중앙 아시아의 차가타이 한국, 몽골 서북의 오고타이 한국, 이란의 일한국이 그것이다.

　칭기즈 칸이 죽은 후 종주의 자리를 두고 잇따라 내분이 일어났다. 1260년에 칭기즈 칸의 손자인 쿠빌라이 칸(세조)이 종주의 자리를 차지하자 하이두(海都)의 난이 일어났고, 일한국 이외의 세 나라는 쿠빌라이와의 관계를 끊고 말아 제국은 분열하게 되었다.

■ 원元의 멸망

쿠빌라이 칸은 하이두의 난이 한창일 때 송을 병합하고, 수도를 현재의 베이징 부근 대도大都로 옮겼다. 1271년에 나라 이름을 중국식으로 원元이라 고친 후 농경사회의 지배에 나선다. 그는 고려군과 함께 두 차례에 걸쳐 일본 원정을 시도했으나, 폭풍우와 일본군의 저항 때문에 실패했다.

원은 공용어로 몽골 어를 사용했고, 공문서에는 라마 교 승려 팍파가 만든 파스파 글자를 사용했다. 또한 소수의 몽골 인이 권력을 독점할 수 있도록 몽골 인 제일주의를 정책으로 채용했다. 몽골 인 아래 색목인色目人(서역 여러 민족 출신자)을 두어 이 두 계층이 지배계급이 되었고, 한인漢人(금의 지배 아래 있던 사람들)과 남인南人(남송의 지배 아래 있던 사람들)을 지배받는 계층으로 정했다. 이 때문에 한漢민족 지식인의 불만은 커졌다.

쿠빌라이가 죽은 후 황제 자리를 두고 다툼이 일어났고, 재정의 악화로 경제적 혼란이 가중되었다. 그 결과 반란이 뒤잇는 가운데 백련교도를 중심으로 한 홍건적의 난이 일어나, 1368년에 원은 몽골 고원으로 물러나게 되었다.

르네상스

■ **르네상스의 의미**

14세기에 이탈리아에서 일어난 르네상스는 원래 미술사 용어로서, 프랑스 어로 '재생, 부흥'을 의미한다. 그리스와 로마의 고전 문화를 재생시키기 위해 일어난 이 운동의 특징은 휴머니즘이라고 말하는 인간 중심의 사고방식과 합리주의였고, 봉건사회와 금욕적인 기독교 정신에 사로잡히지 않고 인간성을 중요하게 여기는 문화를 발전시켰다. 그러나 르네상스의 영향은 일반인의 생활과 정치면에까지 충분하게 미치지 못했고, 근대 문화의 확립에는 종교개혁과 계몽 사상의 전개가 필요했다.

르네상스가 처음에 이탈리아에서 발생하게 된 이유는 첫째, 로마 등 고전 문화의 유산이 풍부했다는 점, 둘째, 비잔틴 제국의 멸망으로 많은 학자들이 이탈리아로 옮겨가게 되었다는 점, 셋째, 경제적 번영에 따라 교황과 메디치 가 등 유력자들이 문화를 보호했다는 점 등을 꼽고 있다. 특히 메디치 가의 코시모는 비잔틴 제국에서 넘어온 많은 학자들을 보호하고, 플라톤 아카데미의 재건과 도서관을 건설하는 등 막대한 돈을 문예 보호를 위해 썼다.

■ 르네상스의 발상

14세기 무렵부터 로마 교회의 권위 아래 있는 중세시대의 질서는 쇠퇴하기 시작했고, 시민들이 기존 질서를 타파하려는 움직임이 활발해졌다. 따라서 새 사상과 문물은 옛것과 충돌하게 되었다. 특히 이탈리아는 나라가 여럿으로 분열되어 있었기 때문에 혼란의 소용돌이 속에 빠져 있었다.

이런 정치적인 혼란 속에서 이탈리아 르네상스는 꽃피게 되었다. 문학에서는 단테가 당시 이탈리아에서 평민들이 구어로 쓰고 있던 토스카나 어로 서사시 〈신곡〉을 썼고, 페트라르카는 자연의 아름다움을 노래한 《서정시집》을 발표했으며, 보카치오는 인간의 욕망을 숨김없이 묘사하여, 《신곡》에 대해 '인곡'이라 불리는 소설 《데카메론》을 저술했다.

조각과 회화 부문에서는 미켈란젤로의 〈다비드 상〉과 〈최후의 심판〉, 원근법을 완성한 레오나르도 다 빈치의 〈모나리자〉 〈최후의 만찬〉, 라파엘로의 〈성모상〉 등이 유명하다.

건축에서는 브라만테가 미켈란젤로와 라파엘로 등과 함께 사도 베드로의 무덤에 건립되어 있던 성 베드로 대성당을 설계하여 개축했다.

■ 르네상스의 3대 발명

이탈리아에서 시작된 르네상스 운동은 유럽 각국으로 불길처럼 번져나갔다. 네덜란드에는 르네상스 시대 최대의 인문주의자로 평가받는 에라스무스가 나와 성직자의 타락을 비판하는 《우신예찬》을 저술했다. 이 책은 종교개혁에 큰 영향을 주게 된다. 회화에서는 반 다이

| 15세기 후반의 피렌체. 이곳에서 르네상스가 꽃을 피웠다. |

크 형제가 유화 기법을 완성했고, 브뤼겔은 생동감 넘치는 사실적 수법으로 농민들의 생활을 그렸다.

프랑스에서는 라블레가 《가르강튀아》와 《팡타그뤼엘》를 써 교회를 비판했고, 몽테뉴는 《수상록》을 저술하여 모랄리스트 문학의 선구자가 되었다. 에스파냐에서는 세르반테스가 《돈 키호테》로 시대에 뒤떨어진 기사도를 풍자했다. 독일에서는 남부를 중심으로 종교적 경향이 강한 르네상스 운동을 전개했고, 뒤러와 홀바인이 종교화를 그렸다.

바다 건너 영국에서는 초서가 《캔터베리 이야기》를 저술했고, 토머스 모어는 《유토피아》에서 정치와 사회를 풍자했다. 영국 르네상스의 전성기인 16세기에 셰익스피어는 《햄릿》《맥베스》《오셀로》 등으로 여러 인간상을 그려냈다.

르네상스 시대의 3대 발명으로 화약과 나침반, 활판인쇄술을 꼽는

데, 중국과 아라비아에서 전해진 기술을 유럽 인들이 개량한 것이다. 구텐베르크가 활자 인쇄로 성서를 펴냈고, 코페르니쿠스와 갈릴레오는 지동설을 학문적으로 확립했다.

■ 악의 꽃

르네상스 시기의 시인과 예술가는 혼란한 정치 상황 때문에 불우하게 살다가 죽은 사람이 많았다. 예술가도 이런 형편이었으니, 하루하루가 투쟁의 연속인 정치가로서는 한 발자국 앞이 캄캄한 밤이었다.

이탈리아 르네상스 말기에 정치계의 어두운 면을 드러내어 추악한 꼴을 보인 것은 로마 황제 알렉산데르 6세(재위 1492~1503)와 그의 아들 체사레 보르자(1475~1507)였다.

알렉산데르는 돈을 뿌려 교황의 자리를 차지한 간교한 인물이었다. 그는 열병으로 죽었으나, 다른 사람을 독살하기 위해 준비한 독약을 실수로 자기가 마셔 죽었다는 설도 전한다.

보르자는 아버지를 등에 업고 정치의 목적을 이루기 위해서는 수단과 방법을 가리지 않은 권모술수가였다. 교황인 아버지가 갑자기 죽은 후 세력을 잃게 되자, 에스파냐로 피신하여 적군과 싸우다가 전사했다.

이 보르자의 행동을 자세히 관찰하여 저술한 것이 마키아벨리(1469~1527)의 《군주론》이다. 우리가 일상생활에서 흔히 쓰는 마키아벨리즘은 인간의 도덕 감정에 어긋나는 권모술수를 가리키는 것이다. 그러나 종교라든가 도덕이라고 말하는 베일을 걷고 보면 정치는 어느 시대에나 마키아벨리즘이다.

종교개혁

■ 종교개혁의 배경

무릇 르네상스는 세속 생활에서의 인간의 복권이었고, 종교개혁은 종교생활에서의 신앙의 복권이었다. 익히 아는 바와 같이 종교개혁의 햇불을 든 것은 마르틴 루터(1483~1546)였다. 그 발단은 교황 레오 10세가 성 베드로 대성당의 개축 자금을 모으기 위하여 면죄부를 판매한 일이었다.

비텐베르크 대학의 신학 교수였던 루터는 1517년 10월 31일, 〈95개 조항〉을 발표하여 교황의 처사를 비판하고, 성서 중심주의를 주장하며 교황권을 부정했다.

이것이 발단이 되어 종교개혁은 유럽 전체에 퍼지게 되었다. 루터는 교황의 권위를 비판하는 동시에 "사람은 믿음으로써만 의롭게 되고 구원을 얻을 수 있다"고 주장했다. 그리고 교황이 보낸 파문 예고장을 모든 사람이 보는 가운데 불태워버렸다.

1521년에 황제 카를 5세는 루터를 보름스 의회에 소환하여 루터에게 그 주장을 철회하라고 강요했으나, 루터는 그것을 단호히 거부했다. 그후 루터는 성경을 독일어로 번역하고, 당시 발명된 활판인쇄로

| 면죄부 판매. 이 면죄부 판매가 도화선이 되어 루터의 종교개혁이 불붙었다. |

성서를 인쇄하여 보급했다.

1529년 슈파이어 제2차 제국 의회에서 루터의 주장에 대한 금지를 선언하자, 루터 파를 지지하는 제후가 항의했다. 이 때문에 루터 파를 가리켜 프로테스탄트(항의하는 자)라고 부르게 되었다.

■ 스위스의 종교개혁

독일에서 루터가 횃불을 든 종교개혁은 즉시 이웃 나라 스위스에 전해졌다. 츠빙글리가 성서 중심주의를 주장하며 취리히에서 개혁을 추진하다 가톨릭과의 전투에서 전사했다. 그 무렵 프랑스에서 탄압을 피해 제네바로 망명한 칼뱅은 거기서 성서주의와 예정설을 주장하며 신교 운동을 전개했다.

칼뱅은 그리스도 인들은 구원을 확신하기 위하여 세속 직업에 힘써야 한다고 주장하면서 이윤 추구를 인정했다. 이와 같은 칼뱅의 주장은 상공업자와 신흥 시민층에 널리 지지를 받았다. 그 주장은 그후에 발생하는 근대 자본주의의 신앙상의 근거가 되었다.

칼뱅(1509~1564)은 제네바를 거점으로 하여 종교개혁을 전개하면서 엄격한 신정神政 국가를 수립했다. 종교개혁으로 종교를 믿는 자유가 주어졌다고 하지만, 제네바에서는 기독교 교리에 충실하게 살아야 했다. 에스파냐의 신학가 세르베투스(1511?~1553)가 교리 문제로 칼뱅을 비판하자, 그는 이단자로 규정되어 화형에 처해졌다.

■ 영국 성공회의 설립

영국의 헨리 8세(재위 1509~1547)는 에스파냐 출신의 왕비와 이혼하고, 시녀 앤 불린과 재혼하기를 원했다. 그러나 당시의 가톨릭에서는 신도의 이혼을 절대로 인정하지 않았다. 열렬한 가톨릭 교인이었던 헨리 8세는 이 문제로 교황 레오 10세와 대립하게 되었고, 1534년에 가톨릭에서 떠나 영국 성공회(국교회)를 설립했다.

헨리 8세는 수장령首長令을 발표하여 국왕은 영국 국교회의 수장이 되도록 했다. 영국의 국교회 수립으로 많은 피해를 입은 것은 수도원이었다. 새 국교회에서 수도원을 해산시키고 그 재산을 몰수했기 때문이다.

헨리 8세의 뒤를 이은 에드워드 6세는 신교의 교의를 일부 받아들였으나, 그 다음 왕으로 에스파냐 왕 펠리페 2세와 결혼한 메리 1세는 가톨릭을 부활시켜 신교도를 탄압했기 때문에 '피를 흘린 메리'라는 별명으로 불렸다.

메리 1세의 뒤를 이어 즉위한 왕은 엘리자베스 1세였다. 엘리자베스 여왕은 1559년에 통일령을 반포하여 예배 의식을 통일했고, 1563년에 39개조의 신앙 규정을 정하여 영국 국교회를 확립했다. 관리는 국교도여야 했고, 가톨릭 교도와 영국의 칼뱅 파인 퓨리턴(청교도)에 대해서는 엄격하게 대했다. 여왕은 국교도의 완성을 시도했으나, 가톨릭의 교의와 의식이 많이 남아 있어 개혁에는 이르지 못했다.

■ 종교개혁에 대한 가톨릭의 저항

종교개혁의 여파로 신교의 공격을 받게 된 가톨릭 내부에서는 자신에 대한 반성과 개혁이 일어났다. 내부의 숙정을 행하기 위하여 트리엔트 공의회(1545~1563)를 열고 교황의 지상권至上權을 확인함과 동시에 가톨릭 교의를 확정했다.

그 회의에서는 이단자를 엄히 다스리기 위하여 종교재판을 강화하고, 교리에 위배되는 서적의 유포를 금지시켰다. 그러나 이와 같은 신교에 대한 대항은 탄압이 되기도 하여, 끝내는 종교전쟁을 일으키는 원인이 되었다.

1534년에 에스파냐 인 이그나티우스 로욜라가 예수회(제수이트 교단)를 설립하여 군대조직에 기초한 적극적인 해외 선교를 행했다. 그 당시의 에스파냐 및 포르투갈의 식민활동과 결부하여 프란시스코 하비에르는 일본에서 선교 활동을 했고, 마테오 리치는 중국에서 전도했다. 종교개혁이 기독교의 세계화의 막을 연 것이다.

비록 종교개혁에 대한 가톨릭의 저항이 있기는 했으나, 유럽 사람들은 종교개혁을 통해 지금까지 절대적이었던 교황의 권위로부터 마음속으로 해방을 얻는 계기가 되었고, 근대 사회의 특징인 개인주의를 키우는 배경이 되기도 했다.

마야 문명과 잉카 제국

■ 베링 해협을 건너다

약 3만 년 전, 육지로 이어진 베링 해협에서 알래스카로 건너간 인류는 후퇴하기 시작한 빙하의 틈새(무빙회랑無氷回廊)를 통해 남하하여, 현재의 캐나다 남부에서 미합중국에 도달했다.

툰드라와 침엽수 숲 지대와 초원이 펼쳐진 북미 대륙은 유라시아 시대부터 매머드와 순록, 사슴 등 덩치 큰 짐승을 사냥해온 그들에게 좋은 사냥터를 제공했다.

북미에서는 1만 3,000년 전쯤부터 클로비스 형 석기를 끈으로 맨 투창이 사용되었다. 그들은 투창으로 매머드, 순록, 들소 등 덩치 큰 초식 동물을 사냥했다.

사냥감을 쫓아 여러 곳으로 흩어진 사람들의 자취를 클로비스 석기와 그리고 남서부에서 사용되기 시작한 폴섬 석기에 의해 추적해보면, 로키 산맥 동쪽을 남하하여 텍사스에서 플로리다 반도로, 가장 동쪽은 노바스코샤까지 퍼져 있고, 서쪽으로는 뉴멕시코에서 멕시코 북부와 서부로도 진출했음을 알 수 있다. 이처럼 큰 짐승을 사냥하던 시기를 팔레오 인디언 문화라고 하며, 사냥꾼은 중미를 지나 남미에 모습을 나타나게 된다.

■ 올멕 문명

메소아메리카(중미)에서 농경 생산을 주업으로 하는 정착촌이 출현한 것은 BC 2000년쯤이다. BC 1500년쯤부터는 농경 마을의 수가 증가하고 규모도 확대되었으며, 멕시코 만 남부의 기름진 평야를 중심으로 올멕 문명(BC 1200쯤)이 발생했다. 산 로렌소, 라 벤타, 트레스사포테스 등이 주요 유적지다.

올멕 문명 중 가장 유명한 것은 높이가 3 m에 이르는 돌로 만든 사람 머리인데, 현재까지 14개가 발굴되었다. 그것이 누구의 형상인가 하는 문제에 관해, 역대 왕의 얼굴이라는 주장과, 생김새로 미루어보아 아프리카에서 건너온 문명이라는 주장이 있다. 또한 재규어 형상이 쓰이고 있는 것도 올멕 문명의 특징 중 하나로서, 왕의 의자 같은 돌에 아기를 안은 사람처럼 생긴 표범이 조각되어 있기도 하다.

올멕 문명은 신전 중심의 도시 문명이다. 종말기에 올멕 문명의 중심은 조각과 돋을새김의 비석이 주류를 이루었다. 그중에는 훗날 마야 문명에서 쓰인 오랜 기간을 나타내는 달력에 AD 32년에 해당하는 날짜가 새겨져 있다. 이것을 마야 문명과의 연결고리로 보는 사람도 있다.

■ 마야 문명

메소아메리카에는 올멕 문명 외에 테오티우아칸 문명과 아스텍 문명이 있었다. 그중 가장 잘 알려진 것이 BC 1500년 무렵에서 AD

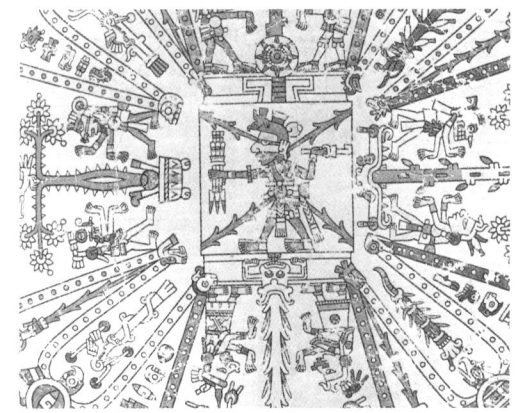

아스텍의 세계관. 아스텍 인들은 지금이 다섯 번째 세상이라 믿었다. 그들이 그린 지도에서 가운데가 지구이며, 앞선 4개의 세상을 각기 다른 신들이 인도하고 있다.

1400년까지 이어진 마야 문명이다.

마야 문명은 유카탄 반도를 중심으로 일어나, 피라미드 신전과 궁전, 그리고 아크로폴리스 등 많은 건축물을 지었다. 당시의 건축 기술에는 현대의 건축가들도 놀라고 있다. 또한 마야 달력이라고 하는 독특한 달력과 마야 글자도 썼다. 마야 족은 복잡한 법칙에 따라 만들어진 달력과 천체 관측술을 사용하여 태양과 달의 움직임을 알았고, 일식이 일어날 일도 파악하고 있었다.

마야 문명을 이은 것은 아스텍 족이다. 그들은 14세기 중엽에 테스코코 호수 한가운데 있는 작은 섬에 도시를 만들었다. 그들은 점차 세력이 커져, 나중에는 태평양에서 멕시코 만 일대를 지배하는 아스텍 제국을 이룩했다. 아스텍 제국은 치난파(인공적인 섬)에서 행하는 관개농법이 발전했다. 도시 곳곳에는 공중 화장실이 설치되었고, 도시의 쓰레기도 땅이 파진 곳에 메워 농지로 사용했다.

■ 잉카 제국

잉카 제국은 남미 안데스 산맥의 해발 3,500~4,000m 되는 높은 산악지대에 있었다. 잉카 문명은 15세기 전반부터 겨우 50년 동안이긴 하지만, 콜럼비아 남부에서 칠레 북부에 이르는(남북 4,000km) 넓은 지역을 지배한 잉카 제국의 문명이다.

잉카 제국의 문명이 발달했다는 것을 말해주는 것 중에 하나가 돌로 지은 건축기술이다. 여러 차례 이 지방을 휩쓴 큰 지진에도 끄떡하지 않고 지금까지 늠름하게 서 있다. 더구나 쌓아올린 돌과 돌 사이는 면도날도 들어갈 틈새가 없는 정교한 솜씨로 보는 사람들로 하여금 감탄을 자아낸다. 잉카 제국에는 철기가 없었는데 어떻게 그런 작업을 했는지는 아직도 수수께끼로 남아 있다. 더욱 놀라운 것은 그들이 뇌수술까지 했다는 사실이다.

잉카 제국은 관개와 도로망도 발달했고, 행정도 잘 조직화되었다. 그러나 그들에겐 글자가 없었다. 그 대신 키프(끈으로 매듭짓는 것)로 정보를 기록했다.

라틴아메리카에 생겨난 아스텍 제국과 잉카 제국은 에스파냐의 침략자에 의해 멸망했다. 아스텍 제국은 코르테스가 거느린 550명의 군사에게 져서 1521년에 망하고, 잉카 제국은 피사로가 거느린 186명의 군사에게 1533년 황제 아타우알파가 처형되면서 망했다.

대항해시대

■ 인도 항로의 개척

르네상스와 종교개혁의 바람이 유럽 세계를 휩쓸고 있을 무렵, 유럽 인들은 새로운 항로를 개척하는 일에 열을 올리고 있었다. 마르코 폴로의 《동방견문록》이 이미 동양에 대한 유럽 인의 호기심을 크게 자극하고 있었으나, 오스만 투르크가 동방 교역로를 차단하고 있었던 상황이 새로운 항로 발견을 촉진시켰다.

포르투갈의 '항해 왕자'라고 불리던 엔리케는 항해 연구소를 세워 항해술과 조선 기술을 연구하는 한편, 아프리카 서해안에 탐험대를 보냈다. 이 사업이 대항해시대의 막을 열었다.

1488년에는 바르톨로뮤 디아스가 오랜 노력 끝에 아프리카 남단 희망봉에 도달했다. 이어 바스코 다 가마는 희망봉을 돌아, 아랍 인 이븐 마지드의 안내로 인도양을 건너 1498년에 인도 캘리컷에 도달했고, 1502년에는 포르투갈의 인도 항로 독점을 확립했다.

인도 항로가 열림에 따라 아시아의 특산품은 지금까지처럼 이슬람 상인의 손을 거치는 일이 없이 직접 유럽에 수입되었다. 그 수입품 중 가장 귀중품에 속하는 것이 후춧가루였다.

■ 신대륙의 발견

이탈리아의 콜럼버스는 천문학자 토스카넬리의 지구 구형설을 믿어, 대서양을 서쪽으로 항해해도 인도에 도착할 것으로 확신했다. 1492년 에스파냐 여왕 이사벨의 지원을 받아 항해에 나선 그는 70일에 걸친 항해 끝에 산살바도르 섬에 도착했다. 콜럼버스는 신대륙의 서인도 제도에 도착했으나, 인도에 도착한 것으로 잘못 알았다. 그는 이후 세 차례에 걸쳐 신대륙을 탐험했으나, 죽을 때까지 그 땅이 인도라고 믿었으며, 선주민을 인디오라고 불렀다.

그후 아메리고 베스푸치(1454~1512)의 새로운 탐험에 의하여, 그곳이 신대륙의 일부라는 사실이 밝혀졌고, 그의 이름을 따서 '아메리카'라고 부르게 되었다.

한편, 포르투갈 인 마젤란도 에스파냐의 원조로 1519년에 출항하여, 남미 대륙 남쪽 끝인 마젤란 해협을 돌아 필리핀에 도달했다. 마

| 토스카넬리의 평면구형도. 콜럼버스가 사용한 지도. |

젤란과 그의 선원들은 거기서 원주민에게 살해되었으나, 살아남은 선원들이 인도양을 지나고 희망봉을 돌아서 에스파냐로 돌아갔다 (1522). 이로써 처음으로 세계일주가 달성되었고, 지구가 둥글다는 사실이 증명되었다.

■ 포르투갈의 식민 활동

대항해시대에 재빨리 세계에 진출한 포르투갈과 에스파냐는 대서양에 점처럼 흩어져 있는 아조레스 제도의 영유권 문제로 분쟁을 일으켰다. 그 때문에 교황 알렉산데르 6세가 개입하여, 바다 위에 교황 자오선을 그어 양국의 세계 분할선을 설정했다.

교황 자오선으로 포르투갈은 아시아를 세력권에 넣게 되었다. 포르투갈은 즉시 인도의 고아에 총독부를 두고 실론과 말라카, 몰루카를 점령했다.

한편, 포르투갈은 에스파냐와 교섭하여 1494년에는 토르데시야스 조약을 맺은 결과, 교황 자오선을 더욱 서쪽으로 옮기게 되어 브라질을 차지했다. 또한 1529년에는 사라고사 조약에서 아시아에서의 두 나라 분계선을 긋게 되었다.

포르투갈은 이슬람 상인의 인도양 무역을 무력으로 빼앗고, 1511년에는 말레이시아 반도의 말라카를 점령하여 몰루카 제도의 향신료를 차지했다. 또한 1517년에는 명나라와 통상길을 열어, 마카오를 중국 무역의 거점으로 삼았다.

1543년 일본 영토인 다네가(種子) 섬에 상륙한 포르투갈 인이 일본에 총을 전한 것을 계기로 일본과도 관계를 맺었고, 1550년에는 일본과 무역을 시작했다. 그러나 이와 같은 포르투갈 번영은 오래가지 못했고, 17세기에 영국과 네덜란드에게 그 지위를 빼앗겼다.

■ 에스파냐의 식민 활동

에스파냐는 신대륙 아메리카를 침략하여 식민 활동을 벌였다. 정복자 코르테스는 1521년에 멕시코 지방을 점령하여 아스텍 문명을 멸망시켰고, 피사로는 1533년에 페루 지방을 지배하기 위하여 잉카 제국을 멸망시켰다. 이렇게 해서 에스파냐는 중남미의 넓은 지역을 식민지로 삼았다.

이 식민 활동으로 차지하게 된 볼리비아 남부의 포토시 은광을 비롯하여 페루와 멕시코에서 많은 은이 채굴되었다. 에스파냐는 그 은

콩키스타도르. 어떤 멕시코 인이 본 코르테스의 출현. 이들 정복자들은 곧 공포의 대상으로 표변, 남미의 토착문명을 무자비하게 파괴했다.

으로 아시아의 향신류와 비단 등을 구입하여, 모직물을 신대륙으로 실어가는 삼각무역을 행했다.

많은 양의 은이 유럽으로 들어오게 되자 독일 남부의 은광 지대에서 번영하던 여러 도시는 몰락했고, 물가가 여러 배로 껑충 뛰는 가격혁명을 일으키게 되었다. 이 때문에 토지 대금 수입으로 살아가던 영주층은 몰락했고, 농노 해방에 박차가 더해지게 되었다.

대항해시대가 열리면서 포르투갈과 에스파냐는 그야말로 '태양이 지는 때가 없는' 식민 제국을 형성하여 단숨에 강대국이 되었다. 포르투갈과 에스파냐가 부강하게 된 것은 '후추와 은'의 덕이었다. 육식 생활을 하는 유럽 인에게 그 당시 후추는 빠뜨릴 수 없는 조미료였기 때문이다.

콜럼버스

■ 동쪽 항로와 서쪽 항로

그 당시 지구가 둥글다는 생각을 한 지식인과 항해사가 전혀 없었던 것은 아니지만, 일반인은 지구가 평평하다고 믿었다. 지구 경계의 앞은 바다가 폭포로 되어 있어 바닷물이 흘러 떨어진다고 생각했다. 때문에 인도로 가자면, 이미 발견된 아프리카 남쪽의 희망봉을 돌아 동쪽으로 가는 항로밖에는 없다고 생각했다.

그 무렵 이탈리아의 지리학자 토스카넬리가 "지구는 둥글다"라고 주장했다. 콜럼버스는 서쪽 항로로 인도에 도달할 수 있는가 물었고, 토스카넬리는 당연히 갈 수 있다고 대답했다. 때문에 콜럼버스는 모든 사람들이 주장하는 것과는 달리 서쪽 항로를 주장했다. 물론 지구가 둥글다는 것을 전제로 한 주장이었다.

이탈리아의 해양 도시 제노바에서 태어나 20대에는 포르투갈에서 뱃사람이 되어 무역업에 관계하고 있던 콜럼버스는 《동방견문록》을 읽고 감동하여 대서양을 건너 인도에 가겠다는 꿈을 키우고 있었다.

■ 콜럼버스와 이사벨 여왕

당시 포르투갈은 동쪽 항로의 개척에 힘을 쏟고 있었기 때문에 콜럼버스의 계획을 아무도 귀담아들으려 하지 않았고, 오히려 그를 쫓아냈다. 추방당한 그는 체념하지 않고 유럽 여러 나라를 다니며 후원자를 구했다. 그나마 그의 계획에 관심을 보인 것은 이사벨 여왕이었다.

당시 에스파냐는 카스티야와 아라곤으로 나뉘어, 카스티야 여왕 이사벨 1세와 아라곤 왕 페르난도 2세가 공동 통치하고 있을 때였다. 이사벨과 페르난도 부부는 해외 진출에 관심이 있던 터라 콜럼버스를 등용했다.

여왕의 후원을 받게 된 콜럼버스는 그로부터 6년 후인 1492년 8월 3일, 산타마리아 호 이하 두 척의 배와 120명의 승무원을 거느리고 에스파냐 남부의 파로스 항구를 출발하게 된다.

그것은 누구도 가본 일이 없는 목숨을 건 항해였기 때문에 좀처럼 선원을 구할 수 없었다. 콜럼버스는 비상책을 쓸 수밖에 없었다. 항해를 마치고 귀국하게 되면 감옥에서 풀려나게 해주겠다는 것을 조건으로 죄수들을 모집하여 가까스로 120명의 승무원을 채울 수 있었다.

■ 콜럼버스의 항해

산타마리아 호를 선두로 두 척의 배는 서쪽으로 계속해서 나아갔으나 육지는 나타나지 않았다. 불안해진 선원들은 여러 차례 반란을 일으켰다. 그러나 콜럼버스는 성공했을 때의 더 많은 보수를 약속하기도 하고, 때로는 협박하기도 하면서 항해를 계속했다. 그와 같이 70여 일에 걸친 괴로운 항해 결과 마침내 육지를 발견했다. 현재의 바하마 군도에 있는 작은 섬 와틀링이다.

콜럼버스는 그곳을 산살바도르 섬이라 이름붙이고, 에스파냐 영토라고 선언했다. 그는 이어 쿠바를 거쳐 12월에 도달한 에스파뇰라 섬 (현재의 아이티)에 잠시 동안 머물며 후추 등 향신료를 찾아다녔다. 콜럼버스는 이 섬들을 인도의 일부라고 생각했기 때문이다. 오늘날 이 카리브 해역의 섬을 서인도 제도라고 하고, 원주민을 인디오라 부르는 것은 그 때문이다.

최초의 항해에서 돌아온 콜럼버스 일행은 신항로 발견의 영웅으로 뜨거운 환영을 받았다. 콜럼버스는 그후 세 차례에 걸쳐 이 지역을 탐험했으나, 끝까지 그곳이 인도라고 믿었다. 이곳이 신세계임을 밝힌 사람은 아메리고 베스푸치였다.

■ 대항해의 의미

콜럼버스는 1493년에 다시금 항해길에 나섰다. 향신료와 황금을 찾기 위해서였다. 그는 17척의 배에 승무원 1,500명에 이르는 대선단을 이끌고 떠났다. 그때 콜럼버스는 이사벨 여왕으로부터 발견하는 섬들 전부를 지배할 수 있는 권리를 얻었다.

그는 정복한 땅의 수익을 올리기 위하여 원주민에게 지나칠 정도로 많은 세금을 물게 했고, 금광 채굴을 위하여 강제 노동을 시켰다. 그뿐 아니라, 수백 명의 인디오를 본국에 노예로 보냈다. 이 때문에 인디오는 정복당한 자로 취급되었고, 미대륙에 존재하던 다채로운 문화는 파괴당했다.

　그후 콜럼버스는 1498년과 1502년에도 항해하여, 도미니카 섬과 자메이카 섬, 그리고 파나마 해협에도 도달했고, 또한 남미 대륙에도 상륙했다. 그러나 기대하는 향신료는 끝내 얻지 못했고, 금의 생산량도 보잘것없었다. 콜럼버스는 대항해시대의 영웅임에는 틀림없었으나, 원주민에게는 냉혹한 정복자였다.

　콜럼버스로 시작된 대항해는 바스코 다 가마가 개척한 인도 항로로 절정에 이르렀다. 이와 같은 대항해에 의해 참다운 의미에서의 세계사가 성립되었으나, 아시아와 아프리카 등이 유럽 세계에 종속된 의미에서의 일체화였다.

4장 근세시대의 사회와 문화

절대주의

■ 절대주의란 무엇인가

13세기 무렵부터 봉건제가 무너짐에 따라 서서히 힘을 쌓아온 왕권은 16~18세기에 걸쳐 절대주의 시대를 맞게 되었다. 절대주의는 국왕에 의해 군사와 재정, 행정 등의 권력이 중앙에 집중되는 전제정치를 말한다.

국왕은 도시의 대상인과 손잡아 재원을 확보하고 상비군(왕의 개인적인 용병)과 관료를 양성하는 한편, 식민지를 빼앗고 국내 산업을 보호하며 통제했다. 더욱이 왕권은 신이 내려준 성스러운 것이라고 하는 '왕권신수설'로서 전제정치의 이론으로 삼았다. 또한 경제적으로는 중상주의重商主義를 채택했다. 중상주의는 중금重金주의와 무역차액주의를 바탕으로 하여 부를 축적하는 정책이다. 구체적으로는 우선 국내외의 금이나 은이 묻혀 있는 광산을 개발하고, 금은 화폐가 나라 밖으로 나가는 것을 막아, 외국 화폐를 차지하려는 중금주의 정책을 폈고, 다음으로 수입을 억제하는 대신 국내 제품을 많이 수출하여 화폐를 축적하려는 무역차액주의 정책을 폈다.

■ 상인과 농촌의 변화

유럽 절대주의 성립의 배경으로는 15~16세기의 도시와 농촌의 변화를 들 수 있다. 중세시대 말기의 화폐 경제의 발전에 따라 경제력이 높아진 도시의 상인은 더욱 많은 이윤을 구하여 거래를 확대하는 일에 힘쓰게 되었다. 그와 같은 일에 방해가 되는 것은 지방에서 권력을 쥐고 버티는 귀족이 문제였다. 상인들로서는 한 나라를 한 사람이 다스리는 왕에 의한 정치적 통일 권력 편이 경제권을 넓히는 데 좋았다.

이렇게 해서 전국적인 경제권을 원하는 상인과, 귀족층을 누르고 권력이 지방으로 나뉘는 것을 해소하여 중앙집권화를 목표로 하는 국왕의 이해가 맞아떨어졌다. 그 때문에 상인은 국왕에게 재력을 제공하고 왕권 강화를 도왔다.

한편, 농촌에서는 농노 해방의 과정에서 등장하게 된 부유한 농민인 신흥 부농층이 농업 경영의 중심이 되었다. 그들 중에는 국왕의 손발인 지방관리가 되어 왕권을 다지는 계층도 나타났다.

■ 국왕의 조건

현대만큼 국가라는 것이 막대한 권력을 쥐었던 때는 없었다. 17세기 영국의 정치학자 홉스(1588~1679)는 국가론을 저술하면서 그 제명을 '리바이어선'이라고 했다. 리바이어선은 구약성서에 언급되어 있는 엄청 큰 바다짐승이다. 따지고 본다면 국가는 이 리바이어선을 닮았다.

근대 국가의 고삐를 쥔 것은 절대군주였다. 중세 봉건시대의 국왕

상비군의 훈련. 유럽의 절대주의 왕정은 상비군의 군사력으로 뒷받침되었다.

은 권위를 누리기는 했으나 권력은 제후들이 쥐고 있었다. 이와는 달리 절대주의 시대에는 국왕이 모든 권력을 쥐고, 법률과 도량형, 화폐를 통일하여 왕의 명령을 일원화했다. 위에서 언급한 바와 같이 왕권의 기둥이 되는 관료와 직속 군대를 두었다. 이러니 정치가 나라 전체에 미치는 것은 당연했다. 민중이라고 하지만 당시의 농민은 신경 쓸 필요조차 없이 어리석고 순진했다. 왕으로서 상대가 되는 것은 부르주아지(신흥 상공업 계급)였다.

부르주아지에게 있어서 봉건적 분열은 바람직하지 못한 일이기 때문에, 국왕의 통일사업에 기쁜 마음으로 협력했다. 국왕은 그들을 보호해주는 대신 경제원조를 받았다. 즉, 부르주아지와 국왕의 이해가 맞아떨어진 셈이었다.

역사학자들이 절대주의는 상승하는 부르주아지와 봉건 계급과의 균형 위에 이루어졌다고 말하는 것도 그 때문이다. 국왕의 권력이 확고해지자 17~18세기에는 절대주의의 나라들이 나타났고, 절대주의 나라의 군주들은 한결같이 전제정치를 행했다.

■ 매뉴팩처

'좀더 좋은 상품을 좀더 싸게'라는 것은 수출 상품의 기본조건이다. 거기에 국가의 지원이 더해지고 산업이 우대되면 비단천 위에 꽃을 수놓는 격이다. 그 때문에 등장한 것이 매뉴팩처(공장제 수공업)와 도급제 수공업이다.

매뉴팩처는 자본가가 공장을 세우고 노동자를 고용하여 분업으로 생산하는 것을 말한다. 도급제는 자본주가 수공업자에게 원재료와 도구를 빌려주고, 거기서 생산하는 것을 모조리 사들이는 방법이다.

매뉴팩처는 상공업 시민층에 의해 농촌에서 성행했는데, 그것이 점차 발전하여 도시 자본가 상인들의 경쟁자가 되었다. 원래 중상주의는 매뉴팩처가 자유롭게 뻗어나가는 것을 기대했던 것은 아니었다. 국가로서는 어디까지나 상공업을 엄하게 통제하여 자본가 상인들을 보호하는 것이 목적이었다.

국가의 이런 시책 때문에 자본가 상인이 독점적으로 시장을 지배하는 데는 변함이 없었고, 절대주의는 상공업을 하는 시민층으로부터 반발을 사게 되었다. 그리고 그것이 후에 시민혁명으로 이어지게 된다.

영국을 예로 든다면, 모직물 공업으로 수요가 증가하자 양털 상업에 하급 귀족이 뛰어들었다. 그들은 농민들에게 임대했던 땅을 회수하여 목초지를 확대하게 되는데, 이른바 인클로저 운동이 일어났다. 그 결과 농민은 부랑자가 되고 말았다.

30년전쟁

■ **에스파냐의 절대주의**

유럽의 나라들은 절대주의의 상황에서 영토 넓히기에 힘쓰고 있었다. 그중에도 에스파냐는 16세기 초에 카를로스 1세(카를 5세)가 신성 로마 제국의 황제도 겸하게 되었고, 1571년에 그의 아들 펠리페 2세는 레반트 전쟁에서 오스만 제국에게 이겨 전성시대를 누리게 되었다.

그러나 전쟁에 국력을 모조리 소모한 결과, 국내 정치는 혼란스러워졌다. 무엇보다도 신대륙에서 차지한 금과 은을 궁정 생활에 낭비했고, 국내의 모직물 공업을 육성하지 못했으며, 그 위에 가톨릭 강화책을 단행했기 때문에 신교도의 반항이 거세졌다. 더욱이 1588년에 무적함대(아르마다)가 영국 해군에게 패하고 대서양의 제해권을 잃게 되면서 몰락의 길을 걷게 되었다. 한편, 15세기 중엽에 에스파냐의 식민지가 된 네덜란드에서는 칼뱅 파 신교도(고이센)가 독립을 외쳤다. 1581년에 오라녜 공 빌렘의 지도 아래 독립을 선언했고, 1609년에는 에스파냐와 휴전하여 독립을 쟁취했으며, 1648년에 베스트팔렌 조약에 따라 정식으로 독립국으로 인정을 받게 되었다.

■ '처녀왕'과 '태양왕'

영국은 엘리자베스 1세(재위 1558~1603) 때 전성기를 누렸다. 엘리자베스는 통일령을 발표하여 국교회를 확립하고, 국왕 직속의 추밀원을 중심으로 정치 활동을 했으며, 화폐 제도를 통일했다. 또한 에스파냐의 펠리페 2세에 대항하여 신대륙에 모직물을 수출했고, 네덜란드의 독립을 지원했다. 그리고 1588년 마침내 도버 해협 해전에서 에스파냐의 무적함대를 크게 격파해 해상 발전의 기초를 다졌으며, 1600년 동인도회사를 설립하여 아시아 무역을 활성화하는 동시에 신대륙에도 진출했다.

한편, 프랑스에서는 1562년 이래 기독교 신구 양파가 대립하여 위그노 전쟁이 계속되고 있었다. 이 종교 내란은 위그노(신교도)였던 앙리 4세가 부르봉 왕조를 창시하면서 위그노의 신앙 자유를 인정하는 낭트 칙령(1598)을 공포하면서 수습되었다.

프랑스의 절대주의는 "짐이 곧 국가이다"라고 큰소리친 루이 14세(재위 1643~1715) 때 절정에 이르렀다. 그는 콜베르를 재무장관으로 기용하여 중상주의를 추진했고, 화려하기 이를 데 없는 베르사유 궁전을 건설하여 '태양왕'이라고 불렸다. 그러나 침략전쟁을 거듭한 결과 재정의 압박을 받게 되었고, 낭트 칙령의 폐지로 국내의 신교도 수십만 명이 국외로 망명하여 경제적으로 큰 타격을 입었다.

■ 역사상 가장 큰 종교전쟁

절대주의가 유행하던 유럽 여러 나라 중 독일에만 강력한 왕권이 없었고, 제후諸侯들은 서로 힘겨루기를 하고 있었다. 그런 상황 속에

17세기의 암스테르담. 번영하던 해상왕국 네덜란드는 신흥 강국 영국에게 그 자리를 빼앗겼다.

서 기독교는 신교도 연합과 구교도 동맹으로 나뉘어 대립하고 있었다.

신교도와 구교도의 대립은 유럽 전역에 확산되었다. 구교도인 신성 로마 황제 페르디난트가 보헤미아 왕이 되어 신교도를 탄압하자, 보헤미아의 신교도는 동맹을 조직하여 황제파에 대항했다(1618). 에스파냐가 황제파를 원조하고 나서자, 신교파인 덴마크 왕 크리스찬 4세가 네덜란드와 영국의 지원을 받으며 독일에 침공했고, 스웨덴 왕 구스타프 아돌프도 신교도를 도와주기 위해 독일에 침입했다. 역사상 최대의 국제적 종교전쟁이라 하는 30년전쟁은 이렇게 시작되었다.

30년전쟁은 베스트팔렌 조약으로 끝이 났다. 그 조약에 따라 칼뱅파는 신앙의 자유를 얻었고, 독일의 제후와 도시는 자유권이 인정되었으며, 스위스와 네덜란드의 독립이 승인되었다. 그리고 프로이센 공국과 브란덴부르크 선제후국이 합병하여 1701년에 프로이센 왕국이 성립하게 되었다.

■ 여황제의 절대주의

1278년 이래 신성 로마 제국 안의 오스트리아를 지배해온 합스부르크 가는 1438년부터 신성 로마 황제를 세습하고 있었다. 그러나 카를 6세 후 남성 계승자가 없어 맏딸 마리아 테레지아가 즉위하자, 에스파냐와 프랑스를 등에 업은 작센 공과 바이에른 공이 계승권을 주장했다.

그 틈을 이용해 프로이센의 프리드리히 2세가 슐레지엔 지방을 요구하자, 1740년 오스트리아 왕위 계승전쟁이 터지게 되었다. 결국 아헨 조약으로 마리아 테레지아는 왕위 계승은 인정받았으나 슐레지엔을 잃고 말았다.

절대주의 시대의 러시아는 귀족 세력을 호되게 탄압한 이반 4세가 1547년에 황제가 되어 전제 지배 체제를 확립했다. 그가 죽은 후에는 미하일 로마노프가 로마노프 왕조를 열며 농노제를 강화했고, 17세기 말에는 표트르 1세가 군비확장을 하여 절대주의를 더욱 다졌다.

18세기 말 독일 출신의 예카테리나 2세는 남편 표트르 3세를 쫓아내고 여제가 되었다. 여왕은 계몽 전제군주가 되어 농노제를 강화했고, 그 때문에 농노와 하층 시민을 중심으로 한 푸가초프의 난을 겪어야 했다. 여왕은 남하정책에 힘써 오스만 투르크와 전쟁을 했고, 폴란드를 분할하여 영토를 넓혔다.

권리장전

■ 왕과 의회의 대립

영국에서는 엘리자베스 1세가 죽은 후 제임스 1세가 즉위하여 스튜어트 왕조를 열었다. 제임스 1세는 왕권신수설을 주장하며, 자본가 상인에게 교역의 독점권을 주었다. 왕은 자본가 상인들과 함께 청교도(퓨리턴)가 중심을 이루고 있던 의회와 대립하여 국교도를 지원하는 한편 청교도를 탄압했다. 청교도 중 일부는 신앙의 자유를 찾아 신대륙으로 떠났다. 그들을 필그림 파더스(순례 시조)라고 부른다.

제임스 1세의 뒤를 이은 찰스 1세도 청교도를 탄압했다. 왕의 전제 정치에 반발한 의회는 1628년에 의회의 동의가 없는 세금부과와 부당한 체포를 금지하도록 요구하는 권리의 청원을 제출하여 왕의 동의를 받아냈다.

때마침 1629년에 스코틀랜드에서 반란이 일어나자 그 전쟁 비용 조달을 위해 소집한 의회와 왕당파가 대립했다. 그 문제를 두고 의회파와 왕당파의 대립은 깊어졌고, 끝내 무력 충돌이 일어나게 되었다.

■ 청교도 혁명

청교도는 영국 국교회에 속하지 않는 칼뱅 파 계열의 기독교인이다. 청교도에는 귀족이 지주가 된 신흥 중산 계급인 젠트리가 많았다. 그외에 상공업자와 중산 시민층이 대부분이었다. 장로파와 독립파 및 수평파 등 여러 세력으로 갈라진 의회파 중

찰스 1세의 처형. 혁명에 의해 왕이 사형장에 서게 된 것은 10일밖에 걸리지 않은 재판 결과였다.

독립파인 크롬웰이 왕당파와 싸웠다. 그는 철기군鐵騎軍을 이끌고 1645년 네스비 전투에서 왕당파 군대를 무찔렀다. 크롬웰은 수평파와 손잡고 의회에서 장로파를 내쫓은 후, 1649년에 찰스 1세를 처형하고 자유공화국을 세웠다. 이 시민혁명을 가리켜 청교도 혁명이라고 한다.

같은 해에 크롬웰은 아일랜드를 정복하고 학살과 토지 몰수를 자행했다. 이 사건이 오늘날까지 이어지는 아일랜드 문제의 실마리가 되었다. 또한 크롬웰은 1651년에 네덜란드의 배가 영국에 들어오는 것을 금지하는 항해법을 공포했다. 이 때문에 다음해에 네덜란드와 전쟁을 치르게 되지만, 그 전쟁에서 승리함으로써 북미의 뉴암스테르담을 차지하여 해외 진출을 유리하게 만들었다.

크롬웰은 의회를 해산하고 모든 권력을 쥐게 되자 종신제 호국경護國卿이 되어 독재정치를 하며, 청교도의 도덕을 모든 국민에게 강요했다. 그러자 국민의 불만이 점점 커지게 되었고, 1658년에 크롬

웰이 죽자 일단 웨스트민스터 성당에서 장사를 지냈으나, 3년이 지난 후 그 시신을 꺼내어 목을 잘랐다.

■ 왕정복고

크롬웰이 죽은 후 그의 아들 리처드가 호국경 자리를 이었으나, 독재정치에 대한 반대가 거세어 1659년에 사임했다. 그후 장로파가 왕당파와 손잡고, 전왕의 아들 찰스 2세를 망명지 프랑스에서 귀국시켰다. 의회를 존중하겠다는 조건으로 1660년 찰스 2세는 왕위에 오르고 왕정복고를 이루었다.

그러나 왕위에 오르자마자 찰스 2세도 전제정치를 시작했다. 그는 프랑스 왕 루이 14세와 손잡고 가톨릭의 부활을 시도했다. 영국 국교도가 반수 이상이었던 의회는 국교도가 아닌 사람을 공직에 앉히지 않는 '심사법'을 제정했다. 또한 인신보호법도 제정하여, 국왕이 부당한 체포와 감금을 하지 못하게 했다.

이 무렵 의회에는 왕권을 옹호하는 토리 당과 중산 시민층을 중심으로 한 의회 중심주의의 휘그 당이 생겨났는데, 양당 모두 왕의 전제정치를 경계하는 데는 뜻을 같이하고 있었다. 이 두 정당은 그후 영국 2대 정당으로 발전하게 된다.

■ 명예혁명

왕정복고로 화려하게 왕위에 오른 찰스 2세의 뒤를 이은 것은 제임스 2세(재위 1685~1688)였다. 그는 의회와 맺은 약속을 지키지 않았을 뿐 아니라, 예전보다 더 심하게 가톨릭을 지지하는 정책을 폈다. 앞날을 비관한 토리 당과 휘그 당은 공동으로 제임스 2세의 폐위를 결정했다.

의회는 신교도였던 왕의 맏딸 메리 2세와 네덜란드 총독인 그녀의 남편 오라녜 공 빌렘 3세를 공동 통치자로 정했다. 왕위에서 쫓겨난 제임스 2세는 저항하려고 했으나, 빌렘이 군대를 거느리고 영국에 상륙하자 그는 재빨리 프랑스로 망명했다.

피를 한 방울도 흘리지 않고 이룬 혁명이기 때문에 이것을 가리켜 '명예혁명'(1688)이라고 하며, 그 다음해에는 '권리장전'이 공포되었다. 왕은 의회의 동의 없이는 법률의 효력을 완전히 정지시킬 수 없고, 세금을 징수할 수 없으며, 의원에게는 언론의 자유가 있다는 등의 내용이었다. 또한 왕실의 비용과 군대의 지배권까지 의회가 결정하는 것으로 되었다. 심지어 왕위계승법(1701)에서는 왕위까지도 의회의 뜻에 따라 결정하기로 되었다.

이로써 영국의 절대주의는 마침표를 찍었다. 그후 18세기에 독일에서 조지 1세(재위 1714~1727)가 와서 하노버 왕조를 열면서 영국은 책임 내각제가 확립되어, "왕은 군림하지만 통치하지 않는다"는 정치 체제를 이루게 되었다.

프랑스 혁명

■ 혁명 직전의 프랑스

프랑스의 루이 16세(재위 1774~1792)는 미국 독립전쟁에 참전하면서 많은 재정 적자가 생기자, 세금을 더 거두어들여 그 적자를 메우려 했다. 그러면서 특권신분에게도 세금을 매기려 하자 귀족들이 크게 반발했다.

혁명 전의 프랑스에는 구체제(앙시앵 레짐)라 일컫는 제1신분(성직자)과 제2신분(귀족), 제3신분(평민) 등 3개 신분이 존재했다. 그중 국민의 약 2%인 제1, 2신분에 속하는 사람들이 관직을 독점하고 많은 토지를 차지하고 있었을 뿐만 아니라, 또 면세 특권까지 누리면서 제3신분을 지배하고 있었다.

국민의 98%를 차지하며 국가 경제를 담당하는 제3신분은 경제 활동의 자유가 없었고 또 정치에도 참가할 수 없었기 때문에, 그들의 불만은 높아갔다. 일찍부터 계몽사상의 영향을 받아왔고, 또 미국이 독립하는 것을 본 중산 시민층은 사회적으로 구제도를 타파해야 한다는 소리를 내게 되었다. 1788년에 흉년이 들어 식료품비까지 크게 오르자 국민의 불만은 정점에 이르게 되었다.

■ 프랑스 혁명이 터지다

재정 문제를 해결하기 위하여 경제학자 튀르고와 은행가 네케르의 건의로 특권신분에게도 세금을 매기기로 했으나, 결국 이 정책은 실패했다. 이어 왕의 권한을 제한하기 위하여 삼부회가 소집되었으나, 그 표결 방법을 두고 특권신분과 제3신분이 대립하게 되었다.

제3신분은 삼부회에서 떨어져 나와, 미라보와 라파예트 등이 지도하는 국민의회를 조직했다. 이

앙시앵 레짐 성직자와 귀족이 농민의 부담 위에서 희희낙락하는 모습을 풍자한 18세기의 그림.

에 루이 16세가 무력으로 회의장을 막아버리자, 분노한 시민계급은 베르사유 궁전의 테니스코트에 모여 헌법을 제정할 때까지 의회를 해산하지 않겠다고 서약했다.

루이 16세는 반혁명 세력인 귀족들의 독촉을 받고 군대를 보내 탄압하려고 했으며, 국민의 지지를 받고 있는 네케르를 파면했다.

1789년 7월 14일, 파리 시민은 일제히 일어나 정치범을 가두어둔 바스티유 감옥을 습격하고 점령했다. 이 소식이 전해지자 원한이 쌓일 대로 쌓인 농민들도 각지에서 폭동을 일으켰다. 이렇게 해서 프랑스 혁명이 터지게 된 것이다.

1789년 8월 4일, 국민의회는 봉건적 특권의 폐지를 선언하고 인권

선언을 채택했다. 그러나 10월에 다시금 흉년이 들자, 주부 등 수천 명은 왕이 피신해 있는 베르사유로 행진하여 왕을 파리로 끌고왔다. 그리고 1791년에 헌법이 제정되었다.

■ 혁명의 경과

혁명의 진전에 겁을 먹고 국외로 도망가려던 루이 16세가 도중에 붙잡혀 돌아옴으로써 왕에 대한 국민의 신뢰는 무너지고, 헌법에 따라 입법의회가 성립되었다. 의회는 보수적인 평원파平原派와 상공업 시민을 대표하는 지롱드 파가 대립했다. 주도권을 쥐고 있던 지롱드 파는 왕비 마리 앙투아네트의 조국인 오스트리아와 프로이센이 혁명에 간섭하자, 1792년 의용군이 파리에 모여 외세에 맞서 선전포고를 했다.

1792년 8월, 의회는 왕을 감금하고 왕권을 정지시키고, 9월에는 보통선거에 따른 국민공회가 소집되어 왕정 폐지와 공화정 수립을 결의했다. 이와 같은 움직임 가운데 자코뱅 당(급진 공화파)이 세력을 강화했다.

자코뱅 당은 공포정치를 펴며, 1793년 1월 루이 16세를 처형했다. 그후 당 자체 안에서 거센 권력투쟁을 거쳐 로베스피에르(1758~1794)가 독재권을 쥐게 되었다. 이에 대해 영국의 주동으로 제1회 대불對佛동맹을 결성하여 프랑스에 대해 선전포고를 했다. 프랑스는 위기에 빠지게 되었다. 유럽 여러 나라들의 프랑스에 대한 압박은 그후 나폴레옹이 등장할 때까지 다섯 차례에 걸쳐 행해지게 된다.

■ 혁명의 끝

권력을 쥔 자코뱅 파는 의회에서 지롱드 파를 몰아내고 독재정치를 폈다. 그들은 경제 통제와 봉건적인 소득 분배 폐지 등 급진적인 개혁을 시행하여 한때 농민의 지지를 얻었다. 또한 자코뱅 헌법을 제정하고, 미터법의 채용과 식민지 노예제의 폐지 등 합리적인 민주 정책을 시행했다.

그러나 로베스피에르가 집권하면서 그는 모든 권력을 공안위원회와 보안위원회에 맡긴 후, 그 자신은 자신의 정적과 반혁명분자를 탄압하는 일에 전념했다. 그는 통제 경제를 행하기 위해 준비하다가 시민의 반발을 사게 되었다.

한편, 외적과의 전쟁에서 의용군들이 '라 마르세예즈(프랑스 국가)'를 부르며 승리를 거두게 되자, 더 이상의 독재정치는 필요 없게 되었다. 같은 자코뱅 당원이면서도 독재를 싫어하던 반대파에 의해 1794년 테르미도르(혁명 달력 열월熱月) 9일의 쿠데타로 로베스피에르는 체포되어 단두대로 처형되었다.

이 '테르미도르의 반동'으로 독재정치는 막을 내리고 시민계급의 지배가 회복되었다. 다음해인 1795년에는 공화국 3년 헌법이 제정되었고, 그 헌법에 따라 5명의 총재가 국가를 다스리는 총재정부가 성립되었다.

나폴레옹

■ 나폴레옹의 등장

프랑스 혁명으로 총재정부가 성립되었으나 국민의 기대에 미치지 못했다. 물가는 하늘 높은 줄 모르게 치솟았고, 여러 정치세력이 우후죽순처럼 등장하여 정치 불안과 사회 불안은 날로 더해갔다. 부르주아지는 정부를 믿지 않았고, 강력한 다른 지도자가 등장하기를 기대하고 있었다. 그때 혜성처럼 나타난 것이 나폴레옹이었다.

코르시카 섬의 몰락한 귀족 집에서 태어난 나폴레옹은 청년 포병 사관으로서 혁명이 한창일 때부터 두각을 나타냈다. 그는 세력을 합쳐 반격에 나선 왕당파의 반란을 진압하여, 일약 유능한 지휘관으로 인정받았다.

이탈리아 원정군 총사령관으로 임명된 그는 오스트리아 군대와 싸워 승리를 거두었다. 그 승리로 1797년에 캄포포르미오 조약을 맺어 북부 이탈리아를 차지했고, 제1회 대對프랑스 동맹을 무너뜨렸다.

1798년에 영국이 인도로 가는 길을 막기 위한 목적으로 나폴레옹은 이집트 원정을 단행했다. 원정은 성공하지 못했으나, 그 원정에서 로제타 돌을 발견하여 이집트 학 발전에 크게 이바지했다.

■ 나폴레옹 황제

1799년에 영국의 주도로 제2회 대프랑스 대동맹이 결성되자 나폴레옹은 이집트에서 서둘러 프랑스로 돌아와 브뤼메르(혁명달력 무월霧月) 18일의 쿠데타로 총재정부를 쓰러뜨렸다. 그는 3명의 통령으로 구성된 통령정부를 세우고 자신이 제1통령으로 취임했다.

나폴레옹은 다시 오스트리아 군대와 싸워 승리를 거두고, 1802년에 영국과 아미앵 조약을 맺어 휴전하여, 혁명 후 처음으로 프랑스에 평화가 찾아오게 했

브뤼메르 쿠데타로 정권을 잡은 나폴레옹. 그림은 제1통령으로 지명된 당시 앵그프가 그린 초상화.

다. 이로써 제2회 대프랑스 동맹은 자연히 해체되었고, 나폴레옹은 국민투표를 실시하여 종신 통령이 되었다.

나폴레옹은 내정 면에서도 큰 업적을 남겼다. 프랑스 은행을 설립하여 국가의 중앙은행으로 삼았고, 종교 협약을 맺어 교황과 계속되어오던 분쟁을 해결했으며, 교육제도의 개혁 등도 시행했다. 또한 나폴레옹 법전을 편찬하여, 사유재산의 불가침과 법 아래서의 평등 및 개인의 사상과 신앙의 자유 등을 규정했다. 이 법전은 혁명의 성과에 따른 근대 시민사회의 법의 원리가 명확하게 제시된 것으로서, 여러

나라에 큰 영향을 끼쳤다.

이와 같은 업적으로 나폴레옹은 국민들로부터 압도적인 지지를 받으며 1804년에 국민투표에 의해 황제가 되었다. 이로써 프랑스에 제1제정이 시작되었다.

■ 나폴레옹의 절정기

나폴레옹이 황제가 된 것은 유럽 대륙을 지배하기 위한 야망이 있는 것으로 판단한 영국은 러시아, 오스트리아와 함께 제3회 대프랑스 동맹을 결성했다. 나폴레옹은 동맹을 깨뜨리고 영국 본토에 침입하기 위해 에스파냐와 연합함대를 조직했으나, 넬슨이 거느리는 영국 해군과 트라팔가르 해전에서 일전을 겨룬 끝에 지고 말았다.

나폴레옹은 내륙에서 결판을 내기로 하고, 아우스터리츠 전투에서 오스트리아와 러시아 연합군을 무찔러 대프랑스 동맹을 해체시켰다. 또한 이탈리아와 네덜란드를 정복한 후 1806년에 라인 동맹을 결성하여, 중세 이래로 오랜 역사를 지니고 있는 신성 로마 제국도 해체시켰다.

한편, 같은 해에 대륙봉쇄령을 발동하여 영국과 대륙 여러 나라의 통상과 교통을 금지시켰다. 이것은 영국에 경제적인 타격을 주는 동시에, 대륙 시장을 확보하여 프랑스 산업의 발전을 겨냥한 것이었다. 그러나 대륙봉쇄령에 반발한 러시아와 프로이센이 연합군을 조직하여 프랑스에 맞서려고 하자, 그들을 다시 격파하고 1807년 틸지트 조약을 맺었다. 그 결과 프랑스는 프로이센 영토의 반 이상을 차지했고, 러시아로 하여금 대륙봉쇄령에 협력하겠다는 약속을 받아냈다.

또한 대륙봉쇄령에 따르지 않은 포르투갈과 에스파냐를 점령하여, 자기 형 조지프를 나폴리와 에스파냐 왕에 즉위시켰고, 아우 루이를 네덜란드 왕에 오르게 했다. 이 시기가 나폴레옹 시대의 절정기라고 할 수 있다.

■ 나폴레옹의 몰락

절정기를 맞은 나폴레옹은 아내 조제핀과 이혼하고 오스트리아 황녀 마리 루이즈와 재혼했다. 그 무렵 유럽 여러 나라에서는 나폴레옹 전쟁으로 인한 역사적인 역설로 민족의식이 높아지고 있었다. 에스파냐에서는 민중이 나폴레옹에게 저항했고, 프로이센에서는 농노 해방 등 일련의 개혁으로 근대화가 진전되고 있었다.

한편, 러시아는 오래 전부터 영국에 곡물을 수출하여 국가 경제를 꾸려왔기 때문에, 대륙봉쇄령을 어기고 밀무역을 하고 있었다. 이 사실을 알게 된 나폴레옹은 1812년 러시아 원정길에 나섰으나 비참한 패배를 맛보았다. 그 틈을 타서 유럽 여러 나라는 연합하여 라이프치히 전투에서 프랑스 군대를 쳐부쉈다.

패장이 된 나폴레옹은 엘바 섬으로 귀양 갔으나, 거기서 탈출하여 파리로 다시 돌아와 황제의 자리에 올랐다. 그러나 워털루 전투에서 크게 패하여, 1821년 세인트헬레나 섬으로 보내져 그곳에서 죽음을 맞이했다.

근세시대 유럽의 문화

■ 17∼18세기의 예술

근세시대 유럽의 예술은 절대주의의 전성기를 반영하여 화려했다. 당시 문화의 지원자는 많은 자금을 지원해주는 국왕이었고, 호화롭고 활기에 찬 바로크 양식의 예술이 발전하여 르네상스 시대의 고전주의에서 떨어져나갔다. 18세기 중엽 이후는 절대주의가 쇠퇴하면서 섬세하고 우아한 아름다움을 지닌 로코코 양식으로 바뀌었다.

바로크 양식의 미술 분야에서는 관능미를 표현한 바로크 미술의 일인자인 루벤스와 근대 유화 기교를 완성한 렘브란트가 유명하다. 건축에서는 루이 14세의 주도로 지은 베르사유 궁전이 그 대표작이다. 이에 대해 로코코 양식의 건물 중 대표적인 것은 프로이센의 프리드리히 2세가 세운 상수시 궁전이다.

이 시대의 음악 분야에서는 바흐와 헨델 등이 활약했고, 특히 바로크 음악은 오페라와 발레를 발전시켰다. 한편, 18세기 후반부터 발생한 고전파 음악은 빈을 중심으로 발전했고, 대표적인 작곡가로는 하이든과 모차르트, 베토벤 등이 있다.

과학의 세기. 18세기는 근대 과학의 폭발적인 발전을 이룩한 세기였다. 그림은 영국 상류층 사람들이 과학을 놀이삼아 즐기는 모습이다.

■ 17~18세기의 문학

근세시대 유럽에서는 시민이 대두되고 국민의식이 높아지면서 시민생활을 표현하는 국민 문학이 발달했다. 영국의 청교도 문학과 프랑스의 고전주의 문학이 그것이다.

국민 문학의 경우 청교도 문학을 대표하는 시인 밀턴의 《실낙원》과 버니언의 《천로역정》 등이 있다. 또한 디포는 《로빈슨 크루소》에서 시민계층의 합리적 정신을 표현했고, 스위프트는 《걸리버 여행기》에서 당시의 인간 사회를 신랄하게 비판했다.

한편, 프랑스 문학은 왕실의 보호 아래 고전주의 문학이 발전했다. 그것은 그리스와 로마 시대의 전통과 조화를 존중한 것이다. 비극 작가 코르네유의 《르 시드》와 라신의 《페드르》, 희극 작가 몰리에르의 〈인간 혐오자〉 등이 유명하다. 보마르셰의 《피가로의 결혼》은 무능한 귀족을 풍자한 작품으로서, '혁명을 예고한 극'이라고 말한다.

독일은 18세기까지도 문화면에서는 유럽에서 후진국이었다. 이성 중심의 18세기를 반성하며 감정과 개성을 중요하게 여기고, 역사와 전통을 존중하는 낭만주의가 19세기에 등장하게 된다. 그 과도기에 괴테와 실러는 '슈트룸 운트 드랑'(폭풍노도) 운동을 일으킨다. 괴테는《젊은 베르테르의 슬픔》과《파우스트》로 유명하다.

■ 철학 · 정치 · 경제 사상

17세기 철학은 경험론(참된 인식은 관찰과 실험을 통한 경험에서 생김)과 합리론(참된 인식은 인간 이성에서 생김)의 두 줄기 흐름이 주름잡았다. 경험론은 영국의 프랜시스 베이컨이 귀납법으로써 확립했고, 홉스와 로크 등이 뒤이었다. 합리론은 프랑스의 데카르트가 연역법으로써 확립했고, 스피노자와 라이프니츠, 그리고《팡세》의 작자인 파스칼이 뒤이었다. 독일에서는 칸트가 등장하여 경험론과 합리론을 통합한 비판 철학을 주장했다. 그는《순수이성비판》과《실천이성비판》으로 유명하다.

정치사상에서는 왕권신수설을 비판하는 자연법 사상(사람이 태어나면서부터 가지는 권리를 보장함)이 생겨났다. 네덜란드의 그로티우스는 근대 자연법의 아버지로 불린다. 또한 홉스와 로크, 루소는 사회계약설(국가와 사회는 자유롭고 평등한 모든 개인의 계약에 따라 성립됨)을 주장했다. 특히 로크는 '시민정부 양론'으로 시민의 혁명권을 주장하여 시민혁명의 정당성을 이론화했다.

로크의 영향을 받아 프랑스에서 생겨난 계몽사상(이성을 존중하여 미신과 치우친 소견 그리고 불합리한 전통과 권위를 비판함)은 프랑스 혁명의 사상적 배경이 되었다. 프랑스의 계몽사상가로는 몽테스키외와

볼테르, 루소가 유명하다.

경제사상에서는 중상주의重商主義에 대하여 케네와 튀르고가 중농주의(나라 부강의 뿌리는 농업 생산에 있음)를 주장했다. 또한 자연법 사상의 영향을 받아 애덤 스미스가 《국부론》을 저술하여, 경제의 자유방임을 주장하는 자유주의 경제학을 열었다.

■ 근대 과학의 성립

자연과학 분야에서는 관찰과 실험을 중요하게 여겨 근대 과학이 확립되어갔다. 이 시대에 뉴턴은 만유인력의 법칙을 발견했고, 프랭클린은 번개의 전기 현상을 증명했으며, 라부아지에는 질량質量불변의 법칙을 확립했다. 또한 혈액의 순환을 발견한 부르하베도 이 시기에 활약했다.

이와 같은 전통을 이어 19세기에도 새로운 발견이 이어졌다. 다윈은 《종의 기원》을 발표하여 진화론을 주장했고, 멘델은 '유전자의 법칙'을 수립하여 DNA 연구의 선구자가 되었다. 세균학의 연구도 진전하여 파스퇴르와 코흐는 전염병의 원인과 방역에 큰 업적을 남겼다. 또한 이 시대에 퀴리 부부에 의해 라듐이 발견되어 과학의 여러 분야에 이용되면서 놀라운 발전을 이루게 된다. 이러한 발견에 관한 기술적 응용도 활발하게 이루어져 '과학의 시대'를 열어갔다.

빈 체제

■ 빈 체제가 이루어짐

나폴레옹이 몰락한 후 프랑스 혁명과 나폴레옹 전쟁으로 혼란해진 유럽에서는 새로운 질서의 회복을 위해 1814년부터 다음해에 걸쳐 투르크를 제외한 유럽 여러 나라의 대표들이 빈에 모여 회의를 열었다. 회의는 각 나라의 이해가 대립하여 "회의는 춤춘다. 그러나 진척되지 않는다"는 상태가 되었다. 그러나 나폴레옹이 엘바 섬에서 탈출하여 파리로 돌아왔다는 소식이 전해지자 회의는 빠르게 진행되어 빈 의정서가 조인되었다.

빈 의정서 조인으로 오스트리아의 베네치아와 롬바르디아가 합병되고, 독일연방이 성립되었으며, 러시아 황제가 폴란드 왕위를 겸임하고, 영국은 실론과 케이프 식민지를 차지하게 되었다. 프랑스는 패전국이었지만 외무장관 탈레랑의 활동으로 프랑스 혁명 이전의 왕위와 왕국을 정통으로 인정하는 '정통주의'를 주장하여 정통주의가 유럽 부흥의 원칙으로 채용되게 했다. 이로써 프랑스는 루이 18세가 복위했고, 에스파냐와 나폴리에서도 부르봉 왕조가 부활했다. 이와 같이 빈 회의 따라 성립하게 된 반동적인 정치체제를 빈 체제라 부른다.

또한 1815년 러시아의 알렉산드르 1세의 제창으로 혁명의 재발 방지를 위해 각국 군주들은 신성동맹을 맺었다. 같은 해에 영국과 러시아, 프로이센, 오스트리아는 혁명운동에 대해서는 무력간섭을 하여 체제를 유지하기 위한 4국동맹이 맺어졌다. 빈 체제는 시민혁명 정신을 짓밟으며 강화되어갔다.

빈 회의. 1814년부터 열린 빈 회의는 강대국들의 이해가 복잡하게 얽혀 지지부진하다가, 나폴레옹의 재등장에 놀라 서둘러 빈 의정서를 조인했다.

■ 빈 체제의 흔들림

이와 같은 보수 반동정치에 대하여 각국 국민 사이에 자유주의 운동(자유주의 경제와 민주주의에 기초한 의회 제도를 요구함)과 국민주의 운동(외국 지배를 벗어나 독립된 민족 국가를 요구함)이 전개되었다.

독일에서는 부르셴샤프트(학생동맹)가 결성되었고, 이탈리아에서는 카르보나리(헌법 제정과 이탈리아의 통일을 요구하는 비밀 결사)가 생겨났으며, 러시아에서는 데카브리스트의 반란이 일어났다. 사태가 여기까지 이르자 1821년에 이르러 빈 체제는 흔들리기 시작했다.

1810~1820년대에 라틴아메리카 여러 나라는 에스파냐와 포르투갈의 지배에서 벗어나 독립했다. 이 독립에 의해 영국은 시장이 넓어짐에 따라 4국동맹에서 탈퇴했다. 1821년에는 오스만 투르크의 지배하에 있던 그리스가 독립전쟁을 시작했다. 신성동맹은 그리스의 독

립 반대를 결의하지만, 그중 러시아는 영토 확장을 목적으로 그리스를 지원했고, 그리스는 1830년에 독립을 쟁취하기에 이른다. 빈 체제에 금이 가기 시작한 것이다.

■ 프랑스의 7월혁명

프랑스에서는 빈 체제 아래 왕정복고로 부르봉 왕조의 샤를 10세가 즉위했다. 그는 귀족이 혁명에서 잃어버린 것을 다시 찾으려 하는 등 반동적인 경향이 강했다. 또한 알제리 원정을 행하여 국민의 관심을 내정에서 밖으로 쏠리게 하는 한편, 의회를 해산하고 언론과 출판에 대해 통제했다. 더 나아가 그는 자유주의자를 의회에서 추방하려고 했다.

사태가 이 지경에 이르자 1830년 7월, 파리의 민중은 프랑스 혁명의 주역이었던 라파예트를 국민군 사령관으로 추대하고 7월혁명을 일으켰다. 3일 동안 계속된 시가전에서 민중편이 승리를 거두고 왕은 영국으로 망명했다. 프랑스의 대표적인 화가 들라크루아의 〈민중을 이끄는 자유의 여신〉은 이 7월혁명의 시가전을 그려낸 것이다.

7월혁명 이후 자유주의파 귀족이며 나폴레옹의 조카 루이 필리프가 12월 선거에서 대통령으로 선출되었다. 그는 이윽고 공화파와 왕당파의 대립을 이용하여 쿠데타를 일으켜 독재권을 쥐었다. 이 독재는 민주정치의 형태로 이루어졌기 때문에 국민의 지지를 얻을 수 있었고, 황제 나폴레옹 3세라고 불리게 되었다. 즉, 7월왕정이 성립된 것이다.

나폴레옹 3세는 황제로서의 인기를 얻기 위해 빈 체제의 상징이라

할 수 있는 신성동맹에서 탈퇴했다. 그는 크림 전쟁과 이탈리아 통일 전쟁에 뛰어드는 등 적극적인 대외정책을 폈다. 그러나 프로이센과의 전쟁에서 패하면서 제정은 막을 내리게 되었다.

■ 7월혁명의 영향

프랑스의 7월혁명은 빈 체제에 대한 첫 승리였다. 그 영향은 곧 유럽 전체에 미쳤다. 우선 네덜란드에 속해 있던 벨기에가 독립, 입헌 군주국이 되었고, 1839년에는 영세 중립국이 되었다. 폴란드에서도 독립운동이 일어났으나, 러시아 군에 의해 무력으로 진압당했다.

그중 가장 활발했던 것은 이탈리아의 통일운동이었다. 그 운동은 오스트리아의 수상 메테르니히에 의해 즉시 진압되었으나, 무력에 굴복하지 않고 새로운 청년 이탈리아 당이 고개를 들었다. 이 청년 이탈리아 당으로 해서 훗날 이탈리아의 통일을 이루는 원동력이 되었다. 독일연방에서도 1830년에 작센과 헤센 등지에서 자유주의자의 폭동이 일어났고, 영국은 자유주의적 개혁을 행했다.

산업혁명

■ 산업혁명의 시작

프랑스 혁명과 짝을 이루는 18세기의 큰 혁명이 산업혁명이다. 산업혁명이란 기계의 개량과 발명에 따른 생산 방법의 큰 변혁으로서, 거기에 따르는 경제와 사회의 큰 변화를 말한다. 18세기 후반 세계에서 기계에 의한 물품 생산을 맨 먼저 이룬 것이 영국이었다. 그 이전에는 농촌에서 매뉴팩처(공장제 수공업)가 생산 방법의 중심이었으나, 기계가 발명되면서 공장에서 대량 생산을 할 수 있게 되었다.

산업혁명이 뛰어난 발명가가 있었기 때문에 가능해진 것만은 아니었다. 영국이 공업 생산을 받아들일 수 있는 기초가 사회적으로 성립되어 있었던 것도 큰 요인이 되었다. 또한 다수의 식민지를 안고 있는 풍부한 시장이 있었다는 점, 풍부한 자원이 있었다는 점, 제2차 인클로저 때문에 수많은 요먼들이 땅을 잃게 되면서 그들이 임금 노동자가 되어 노동력을 제공한 점 등을 들 수 있다. 또한 시민혁명으로 의회정치가 확립되면서 사람들의 의견이 정치에 쉽게 반영되었고, 자유로운 경제 활동을 보장받을 수 있게 된 것도 한 가지 요인이다.

■ 새로운 에너지의 등장

그외에도 산업혁명이 발생한 배경에는 자연과학의 발달도 있다. 그 당시 영국의 주요 산업은 무명의 생산이었는데, 그것이 기계화된 것이다. 1733년에 존 케이가 각종 방직기를 기계화하면서 단번에 생산의 합리화가 이루어졌다. 그 무렵에 발명된 방직기만 해도 하그리브스의 제니 방

제임스 와트. 1781년 새로운 증기기관으로 특허를 받은 와트는 산업의 모습을 완전히 바꾸는 기계제 대공장의 출현을 가능하게 했다.

직기, 아크라이트의 수력 방직기, 크럼프턴의 뮬 방직기 등이 있다.

물품의 대량 생산을 위해서는 무엇보다 큰 기계가 필요했고, 그 기계를 움직이려면 좀더 큰 동력이 필요했다. 그 필요에 따라 등장한 것이 증기였다. 1765년에 와트는 성능이 뛰어난 증기기관을 발명했고, 산업혁명에 중요한 역할을 담당했다. 증기기관으로 무명의 생산량은 비약적으로 늘어나게 되었다.

이 증기의 힘은 스티븐슨이 발명한 증기기관차에 쓰이게 되었다. 산업혁명으로 물자가 대량 생산되자 원자재의 공급도 많아졌고, 운송에서는 철도가 그 열쇠를 쥐게 되었다. 1825년에는 영국의 스톡턴과 달링턴 사이를 역사상 처음으로 증기기관차가 달렸다. 풀턴의 증기선도 물자 수송 면에서 일대 변혁을 일으키는 데 이바지했다.

■ 산업혁명의 사회적 영향

경제 활동의 중심이 농업에서 공업으로 옮겨갔고, 수공업은 몰락하여 공장제 기계 공업이 이루어졌다. 이런 와중에 수공업자들은 기계와 공장에 대해 적개심을 품고 기계 파괴 운동을 벌였으나 곧 진압되었다. 부르주아지는 산업 자본가로 성장하여 경제와 사회의 중심을 차지하게 되었고, 여기에 자본주의적 생산이 확립되기 시작했다.

영국의 산업혁명을 뒤이어 유럽에서 가장 빠르게 기계화를 이룩한 나라는 벨기에였다. 벨기에는 1830년의 독립을 기회로 빠른 속도로 발전했다. 프랑스는 섬유 공업 분야에서 발전하는 한편, 농업국의 성격도 동시에 지니고 있었다. 독일은 보호무역 정책을 진전시켜 국가가 통일된 후에 중공업은 급성장했고, 미국은 1840년대부터 산업혁명을 시작하여 반세기도 되기 전에 영국을 따라잡는 추세였다.

그러나 유럽 국가 이외의 아시아와 아프리카, 라틴아메리카는 공업화가 저조했다. 국내 사정과 외국으로부터의 압박으로 산업혁명을 이루지 못했고, 강대국의 식민지나 속국으로 편입되고 말았다.

■ 산업혁명의 희생자

산업혁명의 본가인 영국의 경우 공장 제도의 진전에 따라 새로운 공업 도시(맨체스터, 버밍엄)와 상업 무역 도시(리버풀)가 생겨나 도시로 인구가 집중되었다. 그 때문에 가난한 노동자들은 불결한 상태에서 생활하게 되었다. 또한 열악한 노동조건이 사회 문제가 되고 자본가와 노동자의 대립이 생기자, 그 개선을 목적으로 한 노동운동과 사회주의 운동이 전개되었다.

그중 유명한 것이 피털루 사건이다. 1819년에 맨체스터의 센트피터 광장에서 수만 명의 노동자가 연 궐기대회를 군대가 진압하는 과정에서 수많은 인명살상이 자행되었다. 이 사건은 워털루 전쟁에 빗대어 '피털루 학살'로 불리면서 큰 사회문제가 되었고, 그 결과 1833년에 가서 공장법이 제정되었다.

이 법은 노동자의 보호를 목적으로 한 것으로서, 소년의 취업을 금지하거나 청소년의 노동 시간을 제한하는 등의 규정을 둔 것이었다. 또한 노동운동은 정치운동으로 확대되어 선거권이 없었던 노동자는 무기명 비밀 선거와 공정한 선거구를 요구하며 의회에 청원서를 내는 일도 발생했다.

자본가 중에서도 노동자의 비참한 상황에 동정하는 사람도 있었다. 공장 경영자인 로버트 오언은 노동자의 대우개선을 호소하며 자기 자신이 이상적인 공장을 만드는 데 힘썼다. 그러나 현실은 이상과는 동떨어진 것이었다. 그 자신도 현실을 알지 못하는 이상주의적인 면이 있었다. 때문에 그를 가리켜 공상적 사회주의자라고 부른다.

제국주의

■ 영토를 넓히려는 욕망

19세기 말의 유럽과 미국은 중공업을 중심으로 빠르게 발전해갔다. 다른 나라와의 경제 경쟁에서 이기기 위해서는 생산과 자본을 집중시킨 좀더 큰 조직이 되어야 했다. 때문에 카르텔(기업연합)과 트러스트(기업합동), 콘체른(다수의 기업이 같은 계열의 자본으로 통제되는 자본통제) 등 형태의 기업통합이 이루어졌고, 거기에 자본을 제공하는 은행이 손잡았다. 이 힘이 국가 권력과 손잡으면 좀더 많은 이익을 좇아 식민지와 세력권의 확대 경쟁으로 모습을 바꾸게 된다. 이 국가 활동이 제국주의였다.

나라 안은 대기업 우선이 되기 때문에 노동운동은 거세지고, 계급 사이의 대립도 더욱 커지게 된다. 그러나 그 시선을 밖으로 향하게 한 것이 세계적인 세력 확대 경쟁이었다. 그리고 식민지를 차지하는 것을 정당화하는 인종과 민족에 대한 차별에다, 전쟁을 지지하는 애국주의가 국민들 사이에 퍼지기 시작했다.

영국에서는 독일과 미국의 성장이 그 지위를 위협하자, 식민장관 조세프 챔벌린의 주도로 제국주의를 강화했다. 프랑스도 자국의 산

업보다 해외투자에 힘을 들여 식
민지를 차지하기 위해 발 벗고
나섰고, 독일은 공업이 발전한
결과 그 공급처로서의 시장을 해
외에서 구하게 되었다.

빅토리아 여왕에게 인도 제국의 왕관을 바치는
디즈레일리. 19세기 후반 영국은 제국주의 국
가의 선봉이었다.

■ 열강의 후진국 침략

열강은 후진국을 나누어 가지
느라고 눈에 핏발이 서 있었다.
특히 아프리카는 독립을 지키고
있는 나라가 하나도 없었다. 영국은 이집트를 침략한 후 그대로 남진
하여 남아프리카도 식민지로 삼았다. 프랑스는 보호국인 튀니지를
발판으로 하여 서진해서 수단까지 진출했다. 독일과 이탈리아도 침
략에 가담했다. 아프리카는 결국 에티오피아와 리비아 이외의 나라
들은 모두 유럽 열강의 식민지가 되었다.

열강들은 태평양에도 손을 뻗었다. 영국은 오스트레일리아와 뉴질
랜드를 자치령으로 삼았고, 네덜란드는 자바와 수마트라를 차지했으
며, 미국도 뒤질세라 필리핀과 하와이를 차지했다.

동양에서는 중국이 열강들로부터 가장 큰 침략을 당했다. 러시아
와 독일, 그리고 영국과 프랑스, 거기에 같은 동양권 국가인 일본의
침략까지 받았다. 제국주의의 법칙은 잡아먹지 않으면 잡아먹히는
것이었다.

■ 열강끼리 벌인 영토 다툼

마치 피자를 자르듯 열강들은 약소 국가를 나누어 가진 후, 상대 국가가 차지한 식민지 영토를 뺏기 위해 자기네끼리 큰 전쟁을 벌였다. 그것이 제1차 세계대전이다. 세계를 둘로 가른 이 전쟁은 3국동맹과 3국협상이라는 두 열강 그룹간의 전쟁이었다.

두 그룹으로 갈라진 배경에는 서로 양보할 수 없는 영토 다툼이 있었다. 독일과 프랑스의 전쟁 후 남하할 기회를 노리고 있는 러시아와 프랑스가 손잡는 것을 두려워하여, 독일과 오스트리아는 러시아를 끌어들여 3제帝동맹을 맺었다. 그러나 투르크와의 전쟁에서 남쪽에 이미 영토를 차지한 러시아를 독일이 저지하자 상황은 원점으로 돌아갔다. 러시아는 프랑스와 동맹을 맺었다.

유럽 열강은 그것을 앉아서 보고만 있지 않았다. 북아프리카에서 프랑스와 적대관계가 된 이탈리아는 공통되는 이해를 가진 독일과 오스트리아와 뜻이 맞아 3국동맹을 맺었다.

사태가 이렇게 되자 홀로 '영광스러운 고립'을 즐기고 있던 영국도 열강과 손잡을 수밖에 없는 상황이 되었다. 영국이 파트너로 택한 나라는 러시아의 남하정책에 대항하고 있던 동양의 일본이었다. 곧 협상이 타결되어 영·일동맹이 맺어졌다.

이것으로 끝난 것이 아니었다. 영국은 관계개선을 원하고 있는 프랑스와 협상을 맺었고, 독일을 경계하고 있는 러시아와도 손을 잡았다. 그 결과 영국이 주축이 된 3국협상이 성립되었다. 달면 삼키고 쓰면 뱉는 열강의 속성이 어느 때보다 잘 나타난 시기였다.

■ 제1차 세계대전

이런 상황 가운데 1914년 6월 28일에 보스니아의 사라예보를 방문 중이던 오스트리아의 황태자 부부가 세르비아의 한 청년에게 암살되었다. 이 사건을 계기로 영국과 프랑스, 러시아를 중심으로 한 협상국 측과 독일, 오스트리아를 중심으로 한 동맹국 측이 서로 충돌하여 제1차 세계대전이 발발했다.

그후 투르크와 불가리아가 협상국 측에 가담하고, 이탈리아와 일본이 동맹국 측에 편들어, 말 그대로 세계적인 대전으로 확대되었다. 그러나 제1차 세계대전은 교전국의 총력전이 되었기 때문에, 전쟁이 길어지면서 전쟁을 빨리 끝내야 한다는 목소리도 커졌다.

그중에도 미국의 윌슨 대통령이 제시한 비밀외교의 폐지, 민족 자결주의, 군비축소, 해양의 자유, 평화유지를 위한 국제기구의 창설 등 '14개조의 평화 원칙'이 공감을 불러일으켰다. 이때 러시아는 국내 혁명 때문에 전선에서 떨어져나간 상태였고, 독일도 복잡한 국내 사정으로 전쟁을 계속할 수 없게 됨에 따라 제1차 세계대전은 끝나게 되었다.

미국의 독립전쟁

■ **영국의 식민**

에스파냐 인이 아스텍 제국과 잉카 제국을 정복하고 나서 수십 년 후, 멕시코 이남의 남미 대륙은 브라질이 포르투갈 영토가 된 것 말고는 전부 에스파냐 영토가 되었다. 한편 북미 대륙에 유럽 인이 본격적으로 발을 들여놓기 시작한 것은 미대륙이 '신대륙'으로 유럽에 소개되고 난 지 100년 가까운 세월이 지난 뒤였다.

영국은 1607년에 버지니아 주를 식민지로 삼았다. 그후 1620년에 영국왕 제임스 1세가 개신교를 탄압하며 독재정치를 하자 102명의 청교도 곧 '필그림 파더스'(순례 시조)는 메이플라워 호를 타고 북미 땅 플리머스에 상륙했다.

그후 1732년까지 북미 동부에 13개 식민지가 건설되었다. 식민지의 주민들은 그곳 원주민(인디언)을 쫓아내고, 이주해온 사람들끼리 독자적인 식민지 의회를 조직하고, 상품을 생산하며 농사를 지었다. 북부에서는 임업과 수산업과 자영농업, 그리고 조선업 등이 번성했고, 남부에서는 플랜테이션(노예제 대농장)이 발전했다. 그러나 주와 주 사이의 협력은 없었다.

■ 영국의 압박

북미 대륙 동해안, 곧 애팔래치아 산맥 동쪽은 영국의 영토였으나, 미시시피 강 유역과 캐나다는 프랑스 영토였고, 그외 군데군데에 에스파냐와 네덜란드의 영토가 있었다. 영국은 중상주의 정책에 기초한 국내 산업의 보호 육성과 화폐의 축적을 목적으로 13개 식민지에 대한 항해 통제와 무역 제한 및 산업을 억압했다.

영국과 프랑스는 영토 문제를 두고 여러 차례 충돌을 빚다가 끝내 7년전쟁을 일으켰다. 이 전쟁은 1756년에서 1763년까지 계속되었고 영국의 승리로 끝이 났다. 영국은 전후의 적자 재정을 보충하기 위해 13개 식민지에 설탕법과 인지법 등을 정하고 무거운 세금을 매겼다. 이와 같은 조치에 대해 식민지는 본국 의회에 식민지 대표가 참석하지 않는 상황에서 "대표 없이는 과세도 없다"는 구호로 저항했다.

7년전쟁 후 식민지에서는 이와 같은 저항이 있었으나, 전쟁에서 승리한 영국은 프랑스가 차지하고 있던 북미 영토 거의 전부를 차지하게 되었다. 그리고 미시시피 강 서쪽은 영국 편에 서서 프랑스와 싸운 에스파냐가 차지하게 되었다. 평화롭던 북미 대륙도 남미 대륙과 마찬가지로 유럽 인에 의해 서서히 황폐해져갔다.

■ 보스턴 차 사건

북미의 13개 식민지 사람들은 7년전쟁의 결과 영국이 차지한 애팔래치아 산맥 서쪽 땅으로 옮겨가 살기를 원했다. 그러나 영국 정부는 그것을 금지하고, 군대를 주둔시켜 금지령을 지키지 않는 사람은 모조리 잡아들였다. 그뿐 아니라 주둔군에게 쓰여지는 비용을 식민지

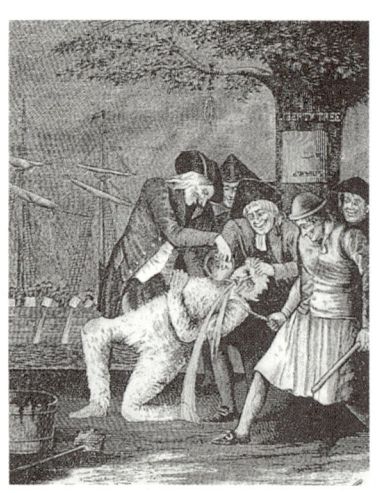

식민지 착취를 풍자한 그림. 영국의 징세관들이 보스턴 시민에게 억지로 차를 먹이고 있다.

사람들에게서 세금을 거두어 충당하려 했다.

인지조례를 제정한 영국 정부는 식민지에서 발행되는 신문과 잡지 등에 인지를 붙였다. 그러나 사람들이 인지를 불태우며 거세게 항의했다. 정부는 인지 제도를 중단하는 대신, 차와 유리 그리고 납 등에 세금을 매겼다. 그러나 이 조치에 대해서도 거센 반발운동이 일어났기 때문에 정부는 차에 대해서만 세금을 거두기로 했다.

식민지 사람들은 차세를 내는 일에도 저항했다. 왜 우리에게만 세금을 거두는가 하며 반발하여, 영국의 차는 마시지 않고 네덜란드의 세금 없는 차를 사서 마셨다. 식민지 사람들의 이와 같은 저항에 화가 난 정부는 영국 국립 무역회사인 동인도회사에 차무역 독점권을 주고, 배를 보스턴 항구에 입항시켰다. 그 배에는 영국제 차가 잔뜩 실려 있었다. 이때 발생한 것이 바로 보스턴 차 사건이다.

■ 미국의 독립전쟁

차를 실은 배가 보스턴에 입항한 지 20일 후였다. 50여 명의 사람들이 그 배를 습격하여 차가 담긴 상자를 바다에 던졌다. 1773년 12월의 일이었다. '보스턴 티 파티'라 불린 이 사건이 결국 독립전쟁의 직접적인 계기가 되었다. 영국 정부는 보스턴 항구를 폐쇄하고 주둔군을 증강했다.

한편, 식민지 측에서는 각 식민지의 대표자가 필라델피아에 모여 제1회 대륙회의를 열었다. 그들은 영국 상품은 어떤 것이든 구입하지 않고 또 소비하지 않기로 결의했다. 식민지 사람들은 영국 주둔군의 강화에 대해 민병을 조직하여 미국 연합군이라 하고, 조지 워싱턴(1732~1799)을 총사령관으로 추대했다.

식민지 측은 토머스 페인의 〈커먼 센스〉라는 팸플릿의 호소로 독립에 대한 열망이 더욱 강해졌다. 그리고 1776년 2월에 제2회 대륙회의가 열려 제퍼슨이 기초한 독립선언서를 발표했다. 그것을 계기로 영국 본국과 미국 연합군 사이에 독립전쟁이 일어났다.

그 당시 연합군 병력은 1만 2,000명이었고, 영국군의 수는 3만 명이었다. 그러나 결국 독립군이 승리하여 1783년 13개 식민지는 파리조약에서 독립이 승인되었다. 그로부터 4년 후 미합중국 헌법이 제정되었고, 1789년에 미합중국이 탄생했다. 초대 대통령으로 조지 워싱턴이 뽑혔고, 수도는 뉴욕으로 정했다.

남북전쟁

■ 미국 영토의 확장

독립전쟁에서 미시시피 강 동쪽의 넓은 땅을 차지한 미합중국은 프랑스 영토였던 루이지애나와 에스파냐 영토였던 플로리다를 매입하여 영토를 넓혀갔다. 또한 멕시코 영토였던 텍사스가 독립하여 텍사스 공화국이 되자, 미국은 멕시코 정부의 반대를 무시하고 강제로 합병해버렸다(1845).

멕시코와 텍사스는 공화국 시대부터 국경을 맞대고 대립되어 있었는데, 미국의 영토가 되자 이번에는 무력충돌로 발전했다. 멕시코는 국경선 안에 미국군이 침략했다고 해서 선전포고를 하게 되었고, 미국과 멕시코의 전쟁이 터지게 되었다. 전쟁 결과 승리한 미국은 멕시코로부터 캘리포니아, 네바다, 애리조나, 유타, 뉴멕시코, 콜로라도를 차지했다.

미국은 차지한 영토를 값을 매기지 않거나 싼값에 개척자에게 분배했다. 그러자 동부 주민과 유럽에서 이민이 뒤이어 밀려오게 되었다.

■ 노예주와 자유주

당시 미국에서는 남자가 5,000명을 넘으면 그곳을 준주淮州라고 했고, 인구가 6만 명을 넘으면 주로 승격했다. 그 결과 19세기 중엽까지 탄생한 주는 30개였다. 단, 새로운 주가 생겨날 때마다 그 주는 노예주가 될 것인지 아니면 자유주가 될 것인지 결정해야만 했다. 노예제도를 인정하는 것이 노예주로서 남부에 많았고, 노예제도를 인정하지 않는 것이 자유주로서 북부에 많았다. 30개 주는 노예주와 자유

《톰 아저씨의 오두막》의 삽화. 노예제도의 비인간성을 그린 이 소설의 저자 스토 부인은 뒷날 링컨을 만났을 때 '대전쟁을 일으킨 조그만 부인'이란 찬사를 들었다.

주가 각각 15개로서 균형을 유지하고 있었다.

그러나 캘리포니아에서 금광이 발견되면서 그 균형은 깨지고 말았다. 이른바 '골드러시' 현상을 이루면서 1년 동안에 10만 명이 캘리포니아로 몰려들었다. 캘리포니아는 미국 영토가 된 지 불과 2년 만에 주로 승격했는데, 그 주민들이 선택한 것은 자유주였다. 즉, 노예주가 15개에 자유주가 16개가 되면서 남부와 북부가 대립하는 사태가 발생했다.

남부와 북부의 대립에 기름을 붓고 불을 지른 것이 《톰 아저씨의 오두막》이었다. 세계를 움직인 작품으로 일컬어지는 이 소설은 당시의 노예 혹사와 차별의 실태를 생동감 있게 묘사하여 노예제 폐지의

여론을 환기시켰다. 해리엇 스토 부인은 자유주인 오하이오에 오래 살면서 노예제에 반대했다. 목사의 딸이기도 한 스토 부인은 노예주에서 피신해오는 노예들을 도와주기도 했다.

■ 북부와 남부의 경제구조

영국에 물품을 수출하던 남부는 산업혁명에 따른 목화 수요가 늘어나면서 흑인 노예를 노동력으로 하는 큰 농장이 발전했기 때문에 목화 수출의 증대를 목표로 한 자유 무역과 주의 자치권을 강화하는 주권州權주의 및 서부로의 노예제 확대를 주장했다.

미국의 노예제는 식민지 시대에 이미 시작되었다. 1619년에 버지니아 주에서 아프리카로부터 흑인 노예를 '수입'하기 시작하여, 독립전쟁 때까지 160년 동안에 미국에는 50만 명의 노예가 끌려왔다. 독립한 후에는 그 속도가 더욱 빨라져 30년 동안에 100만 명 가까이 되었고, 그로부터 30년 후에는 노예의 수가 무려 400만 명이나 되었다.

노예의 생활은 비참했다. 그들은 고된 노동과 굶주린 생활을 견디다 못해 북부의 자유주를 찾아 도망쳤다. 그들을 도운 조직에 '지하철도'라는 것이 있었다. 그 조직의 사람들은 노예들을 자유의 땅인 오하이오 강을 건너 북부나 캐나다로 인도해주었다.

한편 북부는 자본주의의 발전과 국내 시장의 확대를 위하여 보호 무역과 중앙 정부의 권한을 강화하는 연방주의 및 노동력 확보를 위한 노예제 폐지를 요구했다. 또한 서부는 북부의 산업 자본과 결부되어 있었다. 이런 상황에서 서부 개척의 진전으로 성립되는 새로운 주에 노예제를 인정하느냐 하지 않느냐의 문제를 두고 남북의 대립은 더욱 심화되고 있었다.

■ 링컨의 노예해방 선언

미국에는 일찍부터 정당이 있었으나 민주당과 공화당의 양대 정당이 된 것은 1829년 잭슨 대통령 때부터였다. 북부를 지반으로 하여 공화당은 결속을 다진 결과 1860년 제16대 대통령 선거에서 공화당의 링컨이 당선되었다. 남부 7개 주(후에 11개 주)는 미합중국에서 분리하여 제퍼슨 데이비스를 대통령으로 하는 미연합국을 결성했다. 그 때문에 1861년 끝내 남북전쟁이 터져 4년에 걸쳐 처절한 전투가 계속되었고 전사자는 무려 62만 명에 이른다. 그 수는 제2차 세계대전 때의 미국 전사자보다 배나 되는 숫자다.

남북전쟁이 한창이던 1863년 1월에 링컨은 노예해방 선언을 발표했다. 북부군은 게티즈버그의 격전 후 남부의 수도 리치먼드를 함락했고, 1865년에 남부의 항복으로 합중국은 다시 통일되었다. 그러나 그로부터 며칠 후 링컨은 암살당했고, 흑인의 생활도 예전보다 나아진 것이 없었으며, 쿠클럭스클랜(KKK)이라는 비밀 폭력단의 폭력 대상이 되었다.

링컨

■ 노예해방의 아버지

　남북전쟁 중 링컨은 게티즈버그에서 "국민의, 국민에 의한, 국민을 위한 정치"라는 유명한 연설로 미국 민주정치의 기본정신을 제시했다. 남북전쟁 때, 게티즈버그 전투 전몰자의 추도 식전에서 행한 이 연설 시간은 겨우 2분. 사진사가 촬영 준비를 하는 동안에 끝났다는 짧은 연설이었다. 그러나 이 연설은 미국 역사상 길이 남을 명연설로 평가받고 있다.

　링컨이 미국 제16대 대통령으로 취임한 것은 1861년이었다. 그가 취임 직후 노예제 문제로 남부 여러 주가 떨어져나가면서 남북전쟁은 시작되었다. 링컨은 전쟁에 마침표를 찍기 위해 노예해방을 선언했고, 이로써 4년 동안 계속되던 전쟁은 막을 내리게 되었다.

　링컨은 정치계에 입문하면서부터 노예제도의 폐지를 주장했다. 그러나 적극적으로 말하지는 않았다. 억지로 폐지한다면 전쟁이 일어나지 않을까 염려해서였다. 링컨은 노예제를 반대했으나, 미합중국이 갈라지는 것을 두려워한 것이다.

■ 통나무집에서 백악관으로

링컨은 1809년 2월, 켄터키 주 통나무집에서 태어났다. 통나무집에는 문과 창, 그리고 굴뚝이 하나씩만 있고, 방바닥은 맨땅이었다. 가족은 부모와 세 남매였는데, 남동생은 태어나자마자 죽고, 링컨이 9세 때 어머니는 앓다가 죽었으며, 10년 후 이번에는 누이가 해산하다가 죽었다.

20세 때 링컨 일가는 일리노이 주로 이사했다. 22세 때 링컨은 자립하여 뉴세일럼이라는 마을에 가서 가게 일을 하며 웅변회원이 되었다. 23세 때 그는 일리노이 주 의회 의원에 입후보했으나 낙선했고, 1834년에 다시 입후보하여 13명 중 2위로 당선되었다. 그러나 의원 수당만으로는 먹고 살 수 없었고, 또 정치가로 성공하기 위해서는 변호사가 되는 것이 가장 좋다는 말을 듣고, 그는 독학으로 법률 공부를 하여 변호사 시험에 합격했다.

링컨은 변호사 일을 보면서 1838년과 1840년에 주 의회 의원에 재선되었고, 휘그 당(공화당의 전신) 주 중앙위원으로 지명되기도 했다. 그리고 1846년에는 미합중국 하원의원이 되어 2년 동안 근무한 후 정치계에서 잠시 떠났다.

그러나 노예제 확장 여론이 거세지자 링컨은 다시 정치에 뛰어들었다. 그는 1858년에 노예제 찬성자인 더글러스와 토론회를 열었다. 이 토론회에서 미국 전국에 널리 알려진 링컨은 1860년 공화당 대통령 후보로 선출되어 대통령에 당선되었다.

■ 남북전쟁의 영향

링컨은 1865년 연극을 보다가 남부주의자인 배우의 총에 맞아 죽었다. 그러나 그해에 노예제도의 전면 폐지를 규정한 헌법 수정 제13조가 발효되었다. 그리고 1868년에는 흑인의 시민권이 보장되었고, 2년 후에는 흑인의 선거권이 보장되었다.

그 결과 남부 여러 주에서는 플랜테이션이 해체되고 플랜터(농장주)가 경제적으로 몰락되는 한편 각종 산업이 일어났다. 북부에서는 산업 자본가가 해방된 노예를 낮은 임금 노동자로 고용했다. 서부에서는 홈스테드 법의 효과가 나타나 개발이 빠르게 진행되었고, 1890년대에는 프런티어(서부 개척 지역과 미개척 지역의 경계선)가 사라졌다. 또한 1867년에 러시아로부터 사들인 알래스카에서 골드러시 바람이 불었고, 1869년의 대륙횡단 철도 완성으로 국내 시장의 통일이 촉진되었으며, 그 결과 미국의 자본주의는 북부를 중심으로 두드러지게 발전했다.

게티즈버그 전투. 남북전쟁 중 최대의 전투로서 사상자가 약 2만 3,000명이었다. 이곳 추도식에서 링컨의 '게티즈버그 연설'이 있었다.

■ 링컨 죽음의 진상

대통령 취임 후 곧 남북전쟁이 터져 잠시도 쉬지 못하고 바쁘고 불안한 나날을 보내던 링컨은 전쟁이 끝나면서 평화로운 시간을 보낼 수 있었다. 대통령으로서의 직무는 점점 더 분주해졌으나, 아내 메어리와 장래에 관해 이야기도 하고, 옛 친구들과 만나 대화하며 즐거운 시간을 보내고 있었다.

그러나 비극은 갑작스럽게 찾아왔다. 1865년 4월 14일, 링컨은 메어리와 한 육군 소령, 그리고 그의 약혼자 이렇게 4명이 함께 워싱턴 포드 극장에 연극을 보러 갔다. 연극이 2시간가량 진행되었을 때였다. 한 청년이 링컨 일행이 앉아 있는 좌석으로 갔다.

그 청년은 존 부스로 어느 정도 이름이 알려져 있는 배우였다. 마른 체격에 172cm의 키에 검은 머리카락, 검은 수염을 기른 검은 눈동자의 26세 청년이었다. 그는 링컨의 머리에 총을 겨누고 방아쇠를 당겼다. 남북전쟁이 끝난 지 5일째 되는 날이었다.

링컨은 이전에 몇몇 친구에게 꿈 이야기를 한 적이 있다. "백악관 복도를 걷고 있는데 어디서 흐느껴 우는 소리가 들려오지 않겠나. 동쪽에 있는 방에 사람들이 모여 울고 있었어. 한가운데 관이 놓여 있기에 누가 죽었느냐고 한 병사에게 물었더니, 그는 대통령 각하가 암살당했습니다 하고 대답하더군."

존 부스에게 저격된 다음날 링컨은 조용히 숨을 거두었다. 장례식은 백악관 동쪽 방에서 거행되었다. 관 속에 누워 있는 링컨의 표정은 평화로워 보였다.

5장 근대에서 현대로

아편전쟁

■ **19세기의 청왕조**

　세계 열강들이 아프리카와 아시아를 식민지로 삼기 위해 눈에 핏발을 세우고 있던 19세기 제국주의 시대에 중국 대륙을 다스리고 있던 것은 만주족인 청나라였다. 청(1644~1911)은 이미 18세기 후반에 정치가 극도로 부패했고, 빈부의 차가 크게 벌어진데다, 강남 지방의 항조抗租(소작료 납부 거부)와 항량抗糧(세금 납부 거부) 투쟁이 격화되는 등 내정이 혼란스러운 상태였다.

　그와 같은 사태가 조금도 개선되지 않아 19세기 중엽에는 '장기 집권 → 관리의 부패 → 무거운 세금 때문에 고통받는 국민 → 계속되는 반란' 이라는 정권 말기의 증상을 보였다. 세계 열강이 이와 같은 좋은 먹잇감을 놓칠 리 없었다.

　특히 영국은 자국 내 적자를 흑자로 전환시키기 위해 무역 제한 정책을 펴고 있던 청에 대해 자유무역을 요구했다. 당시 영국에서는 차의 소비량이 급격히 늘어나고 있었다. 그 때문에 세계에서 유일한 엽차 수출국이었던 중국에서의 수입은 해마다 증가하여 중국과의 무역 수지는 큰 폭의 적자를 기록하고 있었다.

■ 영국의 교활한 작전

그 당시 국제통화였던 은의 유출을 막기 위해 영국이 생각해낸 타개책은 아편무역이었다. 당시는 아직 헤로인이 개발되지 않았기 때문에 아편이 가장 강력한 마약이었다. 영국은 식민지인 인도 농민에게 양귀비 열매에서 채취되는 아편을 강제로 제조하게 하여, 중국에 대량으로 밀수했다. 그리고 청의 차와 비단을 본국으로 수입하고, 본국 상품을 인도로 운반하는 삼각무역을 했다. 이 때문에 청에서 많은 양의 은이 흘러나가게 되었고, 그 때문에 청나라에서는 은의 가치가 폭등했다. 청의 농민은 은으로 세금을 내야 하기 때문에 더욱 가난으로 고통받아야 했고, 청의 재정도 날로 악화되었다.

가장 큰 문제는 아편을 피우는 사람들이 날로 늘어나 그 때문에 생기는 해독이었다. 강력한 습관성을 가지는 아편 복용의 풍습이 마른 풀에 불이 번지듯 눈 깜짝할 새 중국 전토에 퍼지게 되었다. 일이 이렇게 되면 으레 부패한 관리들이 판을 치게 마련이다. 그들은 아편을 매매하여 이익을 올리기 위해 아편 밀매에 뛰어들었다. 아편 때문에 육체와 정신이 모두 병든 많은 백성들이 길거리에 나와 동냥을 하며 방황하는 사태가 벌어졌다.

■ 임칙서

청의 정부는 아편의 폐단을 뿌리 뽑기 위해 강력한 조치를 취했다. 1839년, 우선 아편 엄금을 강하게 주장하는 임칙서林則徐(1758~1850)에게 황제의 전권을 위임하여 당시 유일한 무역항인 광저우(廣州)에 파견했다. 그는 많은 양의 아편을 몰수하여 폐기하는 한편, 영국에 대해 아편 밀수를 중지하지 않는 한 무역을 할 수 없다고 선언하며, 그들의 서약을 요구했다.

이에 대해 영국은 이 밀수 정지의 서약을 한마디로 거부했다. 청이 전혀 힘을 쓰지 못하는 약체 왕조라는 것을 잘 아는 영국은 오히려 자유무역을 요구하며 1840년 아편전쟁을 일으켰다.

영국 의회 의원 중에는 아편 문제로 중국과 전쟁을 한다는 것이 옳지 않다는 양심파도 적지 않았다. 그러나 국가의 이익을 위해서는 부정한 일도 마땅히 행해야 한다는 목소리가 더 컸다. 영국 의회에서의 개전 결의안은 찬성 271표, 반대 262표였다. 9표 차로 개전이 의결된 것이다.

의회에서 청에 대한 강경책을 등에 업은 영국 해군은 곧 광저우를 비롯하여 청나라 연안 도시에 대한 총공격을 개시했다. 철로 만든 군함에 막강한 화력을 쏘아대는 대포를 장착한 영국 함대에 대해 청의 해군은 돛을 단 정크 선으로 맞서야 했다.

■ 중국 식민지화의 시작

엘리자베스 여왕 때 에스파냐의 무적함대를 무찌르고 오대양을 누비며 세계 최강을 자랑하고 있던 대영제국 해군으로서는 목재 배인 정크 선으로 맞서는 청국 해군과 싸우는 것이 어른이 아기를 상대로 하여 싸우는 것과 같았을 것이다. 또한 청국 해군이 정크 선에서 쏘는 대포는 무려 240년 전에 만든 것으로서, 영국에서는 박물관에나 전시될 낡고 성능이 말이 아닌 것이었다. 시대에 뒤떨어진 청국 해군의 돛배는 영국 군함의 포격으로 잇달아 격파되었다.

아편전쟁. 영국이 자랑하던 최초의 철갑선 네메시스 호가 중국 전함인 정크선들을 여지없이 깨뜨리고 있다.

　청국 해군은 영국 군함에 대해 아무 피해도 주지 못한 채 개전과 동시에 궤멸 상태가 되고 말았다. 사태가 이렇게 되자 청국 정부로서 할 수 있는 일은 전쟁의 원인을 제공한 임칙서를 파면하는 일이었다.
　청국군을 단숨에 물리친 영국군은 의기양양하게 중국 연안 도시를 차례로 봉쇄하면서 난징을 목표로 하여 북상을 계속했다. 청국 정부는 영국군의 주력부대가 난징 근방에 진격하자, 난징이 점령되기 전에 전쟁을 끝내기로 결의하고 영국에 항복했다. 청은 영국이 요구하는 사항을 전부 받아들인 난징 조약을 체결하는 굴욕을 맛보았다.

난징 조약

■ 홍콩 반환 문제

1997년 7월 1일 오랜 세월 동안 영국의 통치 아래 있던 홍콩이 중국에 반환되었다. 원래 중국 영토였던 홍콩이 영국의 통치를 받게 된 것은 아편전쟁 후에 체결된 난징 조약에 의해서였다.

1842년 영국군이 난징 코앞에까지 공격해오자 청국은 수도가 점령당하는 치명적인 피해를 막고자 항복했다. 그해 8월 난징 앞바다에 정박해 있는 영국 군함 콘월리스 호 배 위에서 패전에 따르는 조약에 조인했다. 전 13개조로 되어 있는 이 조약은 당연히 패전국 청나라에 일방적으로 불리한 내용이었다.

그 조약문 제3조에 거론되고 있는 것이 홍콩 섬의 분할이었다. "청국 황제 폐하는 대영 여황제 폐하에게 홍콩의 한 섬을 양여하여…"라는 구절이 들어 있다. 영국 측으로서는 중국의 식민지화를 진행시키는 발판으로서 그리고 무역상의 중요한 중계지로서 홍콩을 필요로 했다.

■ 중국의 반식민지화

아편전쟁 개전 때 자유무역을 명분으로 내세웠던 영국은 상하이 등 5개 항구(상하이·광저우·아모이·푸저우·닝보)를 개항시키고, 각지에 영사가 머무는 것을 인정하게 했다. 이에 따라 청국이 지금까지 펴오던 무역 제한은 폐지할 수밖에 없게 되었다.

고달픈 민중. 무능한 중앙정부의 잇따른 패전은 민중에게 엄청난 고통을 가중시켰다.

그뿐이 아니었다. 청국은 영국 측으로부터 몰수하여 폐기 처분한 아편 값 600만 달러를 포함하여 총 2,100만 달러에 이르는 거액의 배상금을 지불해야 했다. 청국으로서는 나라가 망하는 것만큼이나 굴욕스러운 일이었으나, 영국의 탐욕스러운 요구에 따를 수밖에 없었다.

영국은 그것으로 끝내지 않았다. 난징 조약을 조인한 다음해(1843)에 다시금 야심을 드러냈다. 영국은 청국에 대하여 새삼 청국 안에서의 치외법권을 인정하게 했고, 심지어 청의 관세 자주권마저 박탈했다. 영국은 또 청국 정부가 결정해야 하는 관세율을 제멋대로 정했다. 즉, 차에만 10%로 하고 다른 것들은 일률적으로 5%로 결정한 것이다. 그뿐 아니라 최혜국 대우까지 챙겼다.

원래 아편전쟁은 아편의 수출입 문제로 일어났다. 그 전쟁을 끝내기 위해 1842년에 난징 조약이 조인되었고, 1843년에는 호문새虎門塞 조약이 체결되었다. 그러나 기묘하게도 이와 같은 일련의 조약 항목에는 아편에 관한 언급이 한마디도 들어 있지 않았다. 이는 아편무역에 대한 청의 암묵적 동의를 뜻하는 것이었다. 이로써 청국은 반식민지화의 길을 걷게 되었다.

■ 열강의 하이에나 작전

영국이 청국과 맺은 조약에 아편에 관한 언급이 한마디도 없는 것은 두말할 것 없이 전승국 영국이 아편 수출입에 관한 문제는 전쟁전의 상태를 계속하겠다는 뜻이었다. 사실 아편은 전후에도 청국으로 계속해서 흘러 들어왔다. 원래부터 국가가 파멸할 정도로 많았던 수입량은 더욱 많아져서 청국의 경제적 파탄은 날로 심각해졌다. 영국은 제국주의의 본성을 철저하게 보여주며 청국의 골수까지 빨아 먹었다.

청국에 대한 영국의 착취를 지켜보던 유럽과 미국의 열강도 영국이 차지한 고깃덩어리 같은 청국에 하이에나처럼 덤벼들었다. 영국에 대해 불평등한 추가 조약을 맺게 된 청국에 대해 프랑스와 미국이 시비를 걸고 나섰다. 청국으로서는 1844년에 그 두 나라에 대해 영국과 똑같은 권익을 줄 수밖에 없었다.

이미 열강에 대해 저항할 힘도 의지도 없었던 청은 상대 국가의 협박에 굴복하여 미국과는 망하望廈조약을 맺었고, 프랑스와는 황보黃浦조약을 체결하여, 두 나라에 대해 영국과 똑같은 권리를 인정했다. 열강은 국제정세에 민감하지 못한 청을 국제경제의 구렁텅이 속에 던져넣고 마음껏 착취했다.

■ 애로 호 사건

열강과 일련의 불평등조약을 맺어 본격적으로 자본주의 시장에 끌려 들어가게 된 청국에는 대량의 아편뿐 아니라, 유럽과 미국 제품인 값싼 공업제품까지 물밀듯이 들어왔다. 사태가 이렇게 되자 청국 경제는 당연히 큰 타격을 입을 수밖에 없었다. 특히 영국제 값싼 무명 제품의 수입으로 청국의 면직물 공업은 궤멸되고 말았다.

일이 이렇게 된 데는 또 열강의 트집이 있었다. 난징 조약 후에도 면직물 제품의 수출이 뜻대로 이루어지지 않자 영국은 무역확대를 추구하던 차에 애로 호 사건을 이용했다. 1856년, 광저우에 정박해 있는 영국의 애로 호에 청국 관리가 들어가 중국인 범죄 용의자를 체포한 일이 있었다.

이 사건을 구실로 영국은 프랑스와 공동으로 출병하여 광저우를 점령하고 톈진 조약을 맺었다. 그러나 조약 비준이 쉽게 이루어지지 않아 다시 전쟁이 시작되었고, 영국과 프랑스 연합군은 베이징을 점령했다. 이것이 제2차 아편전쟁(1856~1860)이다.

청국은 다시 백기를 들고 1860년에 베이징 조약을 맺었다. 이 조약에서 청은 배상금 800만 냥, 11개 항구의 개항과 외국 공사의 베이징 주재를 인정했고 주룽 반도를 잃었다.

태평천국

■ 홍수전

아편전쟁 후 청이 전승국 영국에게 갚아야 할 배상금은 어마어마한 액수였다. 청은 농민에게 무거운 세금을 매겨 재정 위기를 타개하려 했다. 그러지 않아도 가난 때문에 고생하는 서민들은 말 그대로 찢어지게 가난한 생활을 강요당했다. 이와 같은 사회 불안은 개항의 영향을 강하게 받은 화남 지방이 특히 심했다.

광둥 성의 객가客家(전란이나 생활고 때문에 화북에서 화남으로 흘러 들어온 가난한 이주민 집단) 출신으로서 과거 공부를 하고 있던 홍수전(1814~1864)도 그런 서민 중 한 사람이었다.

1843년, 그가 네 번째로 치른 과거시험에 낙방한 직후인 어느 날이었다. 홍수전은 기독교 개신교의 전도지를 읽고 꿈을 꾸게 되었다. 그 꿈은 홍수전은 유일한 절대신인 상제上帝(하나님)의 둘째 아들로서, 그리스도의 아우라는 내용이었다.

그후 홍수전은 그 꿈을 믿고 종교 활동을 시작했다. 종교 활동에 그친 것이 아니라, 백성을 괴롭히는 정치를 하는 청을 넘어뜨리고, 지상낙원을 세워야 한다는 생각을 품게 되었다.

■ 태평천국의 건국

과거시험에 낙방하여 기가 죽었던 청년이 종교에 눈뜨고 신의 아들이라 자칭하며 신도를 모아 정부를 뒤집어엎을 생각을 하게 된 것이다. 믿음으로 자신이 '정의' 편에 서 있다고 의심 없이 믿을 수 있다면, 세상에서 하지 못할 일이 없게 된다. 정부를 상대로 전쟁을 일으키는 일까지도 전혀 마음의 갈등을 느끼지 않게 된다.

1851년에 상제회를 조직한 홍수전은 지도자로서 기독교 개신교 계통의 종교 단체를 거느리고 스스로 '태평군'이라 일컬으며 광시성 금전촌金田村에서 군사행동에 들어갔다. 그 목적은 두말할 것 없이 청을 쓰러뜨리고 이상적인 낙원을 건설하기 위해서였다.

태평군은 악습(변발 · 전족 · 아편 등) 폐지와 남녀평등 및 천국의 정의(천국에는 죽은 후의 천국과 현세의 천국이 있다 함) 등을 교의로 삼았고, 그 교의를 가슴에 품고 각지에서 정부조직과 전투를 벌였다. 태평천국군이 내세운 표어는 '멸만흥한'滅滿興漢(만주족인 청을 멸하고, 한민족을 부흥시킴)이었다. 만주족인 청 왕조에 대해 반감을 가지고 있던 한민족이 그 주장에 동조하게 되어, 태평천국군은 급작스런 성장을 이루었다.

■ 천조전무 제도

종교 단체의 거사로 시작된 운동에 점차 민족운동의 측면이 더해지게 되었다. 거사 후 2년이 지난 1853년에 태평천국군은 50만 명에 이르는 큰 군사력으로 성장했다. 그들은 각지에서 청군을 물리친 기세로 난징을 점령하여 천경天京이라 이름을 고치고, 새 국가 '태평천

난징에 입성하는 태평천국군. 3,000명에서 시작한 태평천국군이 폭발적인 민심을 얻어, 난징 공격 때는 남자 180만 명, 여자 30만 명에 이르는 대군이 되었다.

국'의 수도로 정한다고 선언했다.

　홍수전이 목표로 한 지상낙원의 계획 중 하나가 천조전무 제도였다. 토지의 사유를 금지하고, 남녀 구별 없이 균등하게 토지를 분배하는 제도다. 이와 같이 평등을 내세우는 주장이 가난으로 찌든 민중의 마음을 단번에 사로잡았다.

　그러나 전성기에는 인구 300만 명 이상이던 태평천국도 점차 허물어지는 조짐을 보였다. 인류는 평등하다고 주장한 신의 아들도 인간의 욕망을 버릴 수 없었던 모양이다. 홍수전은 천경에서 호화롭고 사치스러운 생활에 빠져들었다. 또한 사람의 평등을 주장하던 때의 필수품목이었던 천조전무 제도도 나라를 차지하고 난 뒤에는 거의 실시되지 않았다.

홍수전의 정체를 알게 된 민중의 마음은 태평천국에서 점차 멀어져나갔다.

■ 민족운동의 원형

청의 정규군은 태평천국군을 진압하지 못했다. 증국번曾國藩이 거느리는 상군湘軍과 이홍장李鴻章이 거느리는 회군淮軍 등 각지의 한인 지주층을 핵심으로 한 자위의 향군鄕軍(의용군)이 반격을 개시했다.

처음에는 기독교를 내세우는 태평천국을 중립적인 입장에서 지켜보던 외국의 열강들도 아편무역과 불평등조약의 체결에 대해 찬성하지 않는 태평천국을 적대시하여, 애로 호 전쟁 이후에는 청을 지원했다. 상하이에서는 유럽과 미국인이 조직한 용병대의 상승군이 활약했다.

태평천국군은 점점 쫓기게 되었다. 1864년에 홍수전이 병으로 죽고 난 뒤(일설에는 천경이 적군에게 포위된 것을 보고 음독 자살했다고 함) 20일 후 천경이 함락됨으로써 태평천국은 멸망했다.

태평천국군은 간신히 진압되었으나, 이 난으로 청은 종이호랑이나 마찬가지로 약하다는 사실이 드러나게 되어, 그후 한민족이 일어서는 계기가 되었다. 또한 이 사건은 만주인을 배척하는 민족운동이었으나, 침략에 반대한 명확한 이념을 가진 첫 조직운동이라 할 수 있다. 이 운동은 열강과 대등관계를 주장하는 등, 민족운동으로서 훗날의 중국 혁명에 큰 영향을 끼쳤다.

인도의 대반란

■ 동인도회사

아편전쟁 때는 영국의 양귀비 밭이 되어 아편을 생산해서 청으로 밀수출하던 인도를 가리켜 당시 열강은 '영국의 보물창고'라고 했다. 인도는 유럽 각국에 향신료와 면직물 등을 수출하기 위한 영국의 소중한 식민지였다.

영국의 인도 지배는 1600년에 영국이 인도에 동인도회사를 세우면서 시작되었다. 무굴 제국이 통치하고 있던 인도에 열강 중 영국이 맨 먼저 발을 들여놓은 것이다.

동인도회사는 원래 캘커타와 봄베이 등 인도 여러 곳을 거점으로 하여 무역할 목적으로 세워진 국영 회사로서, 아프리카 남쪽 끝인 희망봉에서 남아메리카 남쪽 끝인 마젤란 해협에 이르기까지 넓은 지역에서의 무역 독점권을 쥐고 있었다. 그러나 당시 인도를 다스리고 있던 무굴 제국이 힘을 잃고 허울뿐인 나라가 되자 영국은 인도 땅을 단숨에 식민지로 삼으려는 야심을 품었다.

18세기 중엽 프랑스도 영국과 같은 야심을 품고 있었다. 1757년에 영국은 플라시 전투에서 프랑스를 격파하여 인도 지배권 다툼에서

우위를 확보했다. 영국은 이후 인도 각지를 정복하여, 1840년대에는 거의 인도 전지역을 지배하게 되었다.

인도의 영국인. 19세기 초 동인도회사 직원의 모습을 그린 것으로, 지배계층으로 자리잡은 영국인을 묘사하고 있다.

■ 세포이 항쟁

플라시 전투에서 프랑스를 격파한 동인도회사의 클라이브(1725~1774)는 무굴 제국으로부터 벵골 지방의 통치권과 아울러 지세 징수권을 얻어냈다. 영국에 의한 인도 지배는 동인도회사를 통하여 오랜 세월 동안 순조롭게 진행되었다. 그러나 플라시 전투에서 승리한 지 꼭 100년째 되던 1857년에 영국의 지배 체제를 뿌리째 흔드는 사건이 일어났다.

사건의 중심이 된 것은 델리 교외 메루트라는 지역에 있는 영국군 주둔지에서 동인도회사에 고용되어 있던 인도인 용병 곧 '세포이'였다. 그들은 영국의 지배에 대하여 차별을 없앨 것과 대우 개선을 요구하며 반란을 일으켰다.

반란의 직접적인 빌미가 된 것은 당시 동인도회사가 채택한 엔필드라는 소총이었다. 그 총의 탄약통은 총알을 장진할 때 이빨로 물어 잘라내야 했다. 그 겉에 쇠기름과 돼지기름이 발라져 있는 것이 문제가 되었다.

익히 아는 바와 같이 소는 인도의 토착 종교인 힌두 교도에게 성스러운 동물이고, 돼지는 무굴 제국의 국교격인 이슬람 교에서 가장 불결하게 여기는 짐승이다. 힌두 교도이거나 이슬람 인 세포이에게 그 탄약통을 입으로 자르라는 명령은 도저히 참을 수 없는 모욕이었다.

■ 영국의 인도 통치수단

원래 영국은 동인도회사를 앞세워 인도를 통치하면서 교활한 방법을 썼다. 영국은 각지의 왕후국을 보호하고 힌두 교와 이슬람 교 간의 종교적인 대립을 조장함으로써 인도 사회의 분열을 획책했던 것이다.

그러나 메루트에서 발생한 반란은 인도 각지에 그야말로 가을 들판의 불길처럼 번져나갔고, 지금까지 하나로 뭉친 일이 없었던 힌두 교와 이슬람 교라는 종교적 대립을 초월한 민족운동으로 발전했다.

만일 총의 탄약통에 쓰인 것이 쇠기름이요 돼지기름이었다는 것만이 원인이었다면, 세포이 항쟁이 이렇게까지 확산되지는 않았을 것이다. 좀더 근원적인 이유, 곧 영국의 경제적 착취에 대항하여 인도인의 불만이 폭발하게 된 것이다. 결과적으로 인도 전역의 3분의 2에 걸쳐 일어난 전 국민적인 이 대반란은 이윽고 독립전쟁의 성격을 띠게 되었다.

영국은 이 항쟁을 진압하기 위해 당시 중국에서 발생한 제2차 아편전쟁에 파견했던 군대를 서둘러 인도로 보내 탄압했다. 당시 영국 본토에서 발행되던 신문에는 힌두 사원의 파괴와 인도 인 폭도의 학살을 부추기는 기사가 지면을 채웠다.

■ 인도의 독립전쟁

세포이 항쟁으로 힌두와 이슬람이 힘을 합쳐 각계각층이 항쟁에 참여하여 한때는 델리를 점령했다. 그러나 인도는 옛날부터 카스트 제도라는 사회집단의 계층 서열이 있어, 위에서 아래까지 민중의 의지가 완전히 일치단결되지 못했다.

세포이 항쟁이 내부분열을 일으키자 영국군은 그 분열을 틈타 각지에서 반란세력 토벌작전을 벌였다. 그 결과 2년 뒤에는 거의 인도 전체 지역을 평정했다. 영국은 허울만 남아 있던 무굴 제국을 멸하고 동인도회사를 해산했다. 그리고 1877년에 빅토리아 여왕이 인도 황제를 겸하는 인도 제국을 성립시켰다. 영국에 의한 이 식민 지배는 제2차 세계대전이 끝난 후인 1947년까지 계속되어 인도 사회는 정체되었다.

그러나 이때의 인도 대반란은 참가자인 인도 인이 각 계층에 널리 걸쳐 있었다는 점, 반란을 빌미로 비록 일시적이기는 하지만 힌두 교도와 이슬람이 손을 잡은 일 등은 일찍이 없었던 일이었다.

그와 아울러 영국과의 대결에서 져서 계속해서 영국 지배를 받게 되기는 했으나, 그 지배를 뿌리째 흔들어놓은 민족운동이라는 의미를 지니고 있다. 때문에 인도에서는 이 사건을 '인도의 독립전쟁' 이라고 말한다.

청일·러일전쟁

■ 일본의 개혁

일본은 18세기 말부터 쇄국정책을 펴왔으나, 미국인 페리의 요구에 따라 1854년에 개국하고, 1858년에 미·일 수호통상조약을 맺었다. 이어 네덜란드, 러시아, 영국, 프랑스 등과도 이와 비슷한 조약을 맺었다. 이렇게 되자 700년 이상 계속되어온 막부체제는 힘을 잃게 되었고, 반反막부세력이 연합하여 국왕 중심의 신정권을 세웠다. '메이지(明治) 유신'으로 불려지는 이 사건을 계기로 일본은 동양에서 맨 먼저 근대화의 길로 접어들게 되었다.

메이지 유신 후 한동안 국력 배양에만 힘쓰던 일본은 제국주의 체제로 들어서면서 아시아 각국을 침략하기 시작했다. 일본은 우선 1871년에 청과 청·일 수호조약을 맺어 대등한 관계가 되었고, 1874년에는 타이완에 출병했으며, 1879년에는 류큐의 영유권을 주장하는 청을 무시하고 류큐를 일본에 편입했다. 한편, 1875년에는 러시아와도 조약을 맺어 북방의 국경을 확정짓는 동시에 러시아의 남하 정책을 가로막았다.

■ 한반도의 정세

한편, 조선에서는 19세기에 들어서면서 농민의 불만이 커지며 각지에서 농민반란이 일어나 봉건체제가 흔들리게 되었다. 19세기 후반 26대 고종의 아버지로서 섭정인 대원군이 실권을 쥐게 되자, 중앙 권력을 강화하여 봉건체제 유지에 힘썼다. 그러나 1873년에 명성황후가 정권을 쥐자 일본은 기회를 놓치지 않고 강화도 사건을 일으켰다.

청일전쟁 때 평양성에 입성하는 일본군. 이 전쟁의 승리로 일본은 열강의 하나로 인정받았다.

그것은 조선의 수도에서 멀지 않은 강화도 앞바다에서 일본 군함이 무단으로 바다를 측량하고 상륙을 노리다가 조선 군대와 교전한 사건이었다. 신식 무기로 무장한 일본군은 구식 무기조차도 변변히 가지고 있지 못한 조선군을 힘들이지 않고 제압하고, 1876년에 강화도조약이란 불평등조약을 맺었다. 이 조약 결과 부산과 인천, 원산이 개항되었고, 일본인의 치외법권과 관세의 철폐 등이 인정되었다.

그후 일본에 많은 곡물을 수출하게 되면서 조선의 물가는 뛰었고, 1882년에는 서울에서 민씨 정권 타도와 반일을 구호로 외치며 민중봉기가 발생했다. 이 때문에 민씨는 청에 접근하게 되었고, 이 기회에 대원군이 정권을 쥐려 했으나, 청의 간섭으로 임오군란이 터져 대원군의 계획은 좌절되었다.

한편 근대화를 외치는 김옥균이 일본의 원조로 갑신정변을 일으켰으나 실패하여, 한반도를 두고 청과 일본의 대립은 날로 격화되었다.

■ 청일전쟁

청과 일본은 갑신정변 후 1885년에 톈진 조약을 맺어, 조선에서 일본군과 청군이 모두 철수할 것과 조선에 출병할 때는 서로 사전통고를 하기로 결정했다. 이런 상황 속에서 1894년 동학당의 전봉준이 이끄는 동학농민운동이 일어났다. 이것을 진압하기 위해 조선의 요청으로 청이 출병하자, 이것이 조약 위반이라 트집잡아 일본도 출병했다.

일본은 청에 대해 청국과 일본 양국에 의한 조선 내정의 개혁과 개혁이 성공할 때까지 일본군의 조선 주둔을 제안했다. 그러나 청이 일본의 개입을 인정할 리 없었다. 청은 조선의 개혁은 조선 자신의 과제로서, 내정간섭은 있을 수 없다는 회답이었다.

1894년 7월 일본은 청에 대해 한반도에서 청국군이 철수하라는 내용의 '마지막 공문'을 보내고, 그로부터 2일 뒤인 7월 22일 청군을 공격했다. 이렇게 터진 청일전쟁은 다음해에 일본이 승리하여, 시모노세키 조약으로 요동반도와 타이완을 할양받고 조선에 대한 청의 종주권 포기도 받아냈다.

청일전쟁으로 청은 열강에게 약체 국가라는 사실을 드러내게 되었고, 일본은 조선에 대해 영향력을 강화해나갔다.

■ 러일전쟁

청일전쟁 후 열강의 중국 진출에 불안을 느낀 청의 민중은 '의화단義和團'을 결성하여 한때 베이징을 점령했으나, 1901년에 러시아와 일본을 중심으로 한 8개국 연합군에게 격파되었다. 그 혼란한 틈을 타 러시아는 만주(중국 동북부)를 점령하고, 대한제국이라고 이름을 고친 한반도에 세력을 뻗으려 했다. 이 때문에 한국 지배를 꾀하는 일본과 대립하게 되었다.

일본은 1902년에 영국과 영일동맹을 맺고 미국의 지지를 얻었으며, 러시아는 프랑스와 독일의 지지를 얻었다. 결국 1904년에 러일전쟁이 일어나게 되었다. 당시 러시아는 평화 시위를 벌이던 민중을 군대가 대학살한 '피의 일요일' 사건이 일어나 어려운 형편에 있었다. 전쟁에서 승리한 일본은 1905년 9월에 포츠머스 조약을 맺어 조선에서의 우월권과 만주에서의 영토 및 경제적 이권을 챙겼다.

일본은 세 차례에 걸쳐 한일협약을 강요하여 식민지화를 진행시켰다. 일본이 대한제국 군대를 해산시키자 곳곳에서 항일 의병운동이 일어났다. 1909년 한반도 침략의 원흉인 이토 히로부미가 안중근 의사에게 암살당하자, 일본은 다음해인 1910년에 한반도 합병을 강행하고, 조선총독부를 두어 조선을 대륙침략의 기지로 삼았다.

신해혁명

■ 열강의 중국 진출

'잠자는 사자'라고 해서 세계가 두려워하던 청이 청일전쟁의 패배로 약한 실체를 드러내자, 열강은 앞 다투어 중국을 나눠먹으려 혈안이 되었다. 그 방법은 차관을 주고, 철도를 놓는 권리와 광산 개발권을 빼앗으며, 중요한 지역의 조차租借(영토를 빌린다는 명목으로 입법과 행정, 사법권 외에 군대 주둔권을 가지는 것으로서 사실상 영토를 떼어주는 것을 의미함) 등이었다.

1898년 이래로 영국·프랑스·독일·러시아는 중요한 지역을 하나하나 조차했고, 또 철도를 놓는 권리를 차지했다. 러시아는 3국(러시아·프랑스·독일) 간섭으로 청일전쟁에서 이긴 일본으로 하여금 요동반도를 청에 돌려주게 한 대가로 청으로부터 철도를 놓는 권리를 얻게 되었다. 그 결과 미완성 상태이던 시베리아 철도를 블라디보스토크까지 늘여 완성하게 되었다.

미국도 1899년 중국에 대해 문호개방을 요구하는 선언을 하며 중국 시장에 뛰어들 것임을 선언했다. 이리하여 열강이 중국을 침략하게 될 구도가 명확해졌다.

■ 중국의 저항운동

열강의 침략에 대하여 캉유웨이(康有爲, 1858~1927), 량치차오(梁啓超, 1873~1928) 등 개혁파 관료와 지식인들은 입헌군주제의 확립과 근대적 교육제도를 받아들여 나라를 부강하게 하기 위한 변법자강變法自强 운동을 일으켰다. 1898년에는 광서제光緒帝의 신임을 얻어 일본의 메이지 유신을 모방한 무술변법戊戌變法을 단행했다.

그러나 만주족의 귀족 등 보수파는 이 개혁에 반대하여 서태후를 중심으로 무술정변을 일으켰다. 이 때문에 개혁은 100일 만에 막을 내리게 되었다. 이후 보수파를 중심으로 외국 배척의 정치가 행해졌다.

중국 민중들도 열강의 침략에 대해 배척하는 의식이 높아졌다. 1900년에 의화단이 베이징의 각국 공사관을 포위하는 의화단 사건이 발생했다. 의화단은 '부청멸양扶淸滅洋'(청을 도와 서양 세력을 멸한다)을 주장했다. 서태후는 이에 동조하여 열강에 선전포고를 했다.

그러나 의화단은 영국·미국·일본 등 8개국 연합군에 의해 진압되었다. 그 결과 청은 1901년의 신축조약(베이징 의정서)에서 막대한 배상금 지불과 함께 베이징 주변에 열강의 군대가 주둔하는 것을 인정하게 되었다. 이 때문에 각지에서 민중의 격렬한 저항운동이 일어났다.

■ 쑨원의 삼민주의

이와 같은 상황에서 등장한 인물이 쑨원(孫文, 1866~1925)이다. 그는 하와이 유학 중 혁명결사인 흥중회를 조직하고, 삼민주의三民主義

신해혁명 때 우창에서 도망가는 청의 관리들. 혁명군은 중국 남부를 손에 넣고 중화민국을 세웠다.

(민족 독립, 민권 신장, 민생 안정)를 주창했다. 그는 1905년에 도쿄에서 중국혁명동맹회를 결성하여 다른 혁명 결사와 단결했다.

한편, 청 정부는 1908년에 헌법 제정과 국회 개설의 약속 등으로 개혁의 자세를 보였다. 그러나 재정 위기를 타개하기 위해 1911년 5월에 민영철도의 국유화를 꾀했다. 이것은 열강으로부터 차관을 얻기 위한 담보로 삼기 위해서였다. 정부의 이 같은 계획은 외국 자본에 대한 이권 회수 운동을 진행하고 있던 사람들을 분노하게 했다.

정부의 이 계획에 반대하는 개혁파는 8월에 쓰촨 성(四川省)에서 폭동을 일으켰다.

같은 해 10월에 우창武昌의 군대가 혁명을 외치며 떼 지어 일어나자 그 영향은 눈 깜짝할 사이에 중국 전역으로 퍼지게 되었고, 한 달 후에는 13개 성省이 청으로부터의 독립을 선언했다. 이것을 신해辛亥혁명 또는 '제1혁명'이라고 한다.

■ 중화민국의 성립

신해혁명은 진나라 시황제 이래의 전제 군주제가 종말을 고하는 중국 역사상 맨 처음으로 공화정이 수립되었다는 점에서 그 의의가 크다. 미국에 가 있던 쑨원은 혁명 소식을 듣고 귀국하여 1911년 12월 임시 대통령으로 선출되었다. 쑨원은 다음해 1월 난징을 수도로 하고 중화민국의 성립을 선언했다. 그와 동시에 중국혁명동맹회는 국민당으로 이름을 바꾸었다.

한편, 쑨원과 나란히 중요 인물로 떠오른 것이 군벌의 거두 위안스카이(1859~1916)였다. 청은 우창 거병 때 위안스카이의 병력으로 진압하려 했다. 그러나 그는 혁명의 물결을 막을 수 없다는 것을 깨닫고 타협책을 내놓았다. 즉, 선통제宣統帝(재위 1907~1912)의 퇴위를 조건으로 쑨원에게 대통령 자리의 양보를 요구했다. 혁명파는 재정난과 군사력의 약세 등의 약점 때문에 이를 승인했다.

위안은 청의 마지막 황제 부의溥儀를 퇴위시키고, 아시아에서 처음으로 공화제 국가를 탄생시켰다. 그러나 위안은 중국에 혁명파가 고개 드는 것을 꺼려 하는 열강의 지지를 등에 업고 세력을 뻗어나갔다. 이윽고 그는 국민당을 해산시키고 독재의 길을 걸었다.

위안의 독재에 대항하여 혁명파는 제2혁명을 일으켰으나 실패했고, 위안이 제정의 부활을 꾀하자 제3혁명을 일으켰으나 역시 실패했다. 한편, 위안도 1916년에 사망하고, 중국은 군벌시대로 접어들게 되었다.

아프가니스탄의 독립

■ 이슬람 교와 중앙 아시아

서아시아 일대에 세력을 뻗친 사산 왕조 페르시아(226~642)는 6세기 무렵부터 동로마 제국(비잔틴 제국)과 관계가 악화되었다. 그 때문에 육로가 아닌 홍해를 경유하는 새로운 교역로가 이용되면서 홍해 연안의 통상로가 발전했다. 중계 상업도시로 번영한 메카도 그중 하나였다.

상업이 활기를 띠게 되자 유대교와 기독교에 동조하는 아랍 인도 등장하여 지난날의 다신교를 비판하기 시작했다. 그와 같은 상황을 배경으로 메카에서 출생한 마호메트는 610년쯤 민중을 구원하기 위한 새로운 종교를 열었다. 이것이 이슬람 교다.

마호메트는 메카 상인들의 핍박을 받고 메디나로 피신하여 거기서 무슬림 공동체를 구성했다. 힘을 갖추게 된 마호메트는 630년에 메카를 정복하여 아라비아 반도를 통일했다.

마호메트가 죽은 후 그의 후계자(칼리프)들은 영토 확장에 이어 중앙 아시아를 전부 정복했다. 12세기 말 셀주크 투르크가 멸망하자 호라즘 왕조가 뒤를 이어 이란과 아프가니스탄 지역을 지배하게 되었다.

■ 아프가니스탄 왕국

아프가니스탄은 중앙 아시아의 역사에서 중요한 위치를 차지한다. 여러 국가로 통하는 길이 교차하는 지점이기 때문에 예로부터 아시아 대륙의 교통 요충지였다. 아프가니스탄을 가리켜 인도의 시인은 '아시아의 심장'이라 했고, 영국은 20세기 초에 '아시아의 조종석'이라고 말했다.

14세기에 중앙 아시아를 지배하던 티무르 제국은 분열한 몽골 제국의 일부를 합병하면서, 현재의 이라크에서 파키스탄 일대를 영토로 차지했다. 티무르 제국의 전성기에는 이란과 이슬람 문화가 화려하게 꽃피지만, 후계 문제 때문에 분열하게 되고, 1507년에 우즈베크 족에게 멸망당했다.

그러나 티무르의 자손인 바부르(1483~1530)가 아프가니스탄에서 북부 인도로 침입하여 1526년에 무굴 제국을 세웠다.

무굴 제국은 힌두 교와의 대립 등으로 세력이 약화되어 18세기에 분열되었다. 이와 같은 상황에서 등장한 것이 현재 아프가니스탄에서 건국의 아버지로 기림을 받는 아흐마드 샤다. 그는 바슈툰 부족을 규합하여 1747년에 아프가니스탄 왕국을 세웠다. 이런 경과를 거쳐 세계사의 무대에 아프가니스탄이라는 나라가 등장한다.

■ 세 차례에 걸친 영국과의 전쟁

19세기 제국주의 시대가 오자 중앙 아시아의 세력 다툼에 새로운 등장인물이 가담한다. 오스만 제국의 약체화를 틈타 유럽 열강이 이 지역에서도 이해의 충돌을 일으키게 되었다. 이런 혼란 속에 아프가니스탄을 노린 것은 바로 영국이었다.

그 당시 인도를 차지한 영국에게 눈엣가시와 같은 존재가 러시아였다. 영국은 러시아의 남하를 경계하여 그 대항책으로서 아프가니스탄을 차지하려 했다.

영국은 1838년에 아프가니스탄과 제1차 전쟁을 벌였다. 아프가니스탄에서는 영국인과의 전쟁을 지하드(거룩한 전쟁)라고 하며 거세게 저항했다. 그러나 1878~1880년에 행해진 제2차 아프가니스탄 전쟁에서 결국 영국이 승리하여 아프가니스탄은 영국의 식민지가 되었다.

20세기에 들어와 제1차 세계대전이 끝난 1919년에 영국과 아프가니스탄은 제3차 전쟁을 하게 되었다. 그 결과 아프가니스탄은 영국을 몰아내는 데 성공했다.

세 차례에 걸친 전쟁에서 열강 중에서도 막강한 힘을 자랑하던 영국을 상대로 싸워 끝내 승리를 차지한 아프가니스탄이었다. 그러나 세계의 힘겨루기에 휘말려 들어간 역사는 그 다음부터 더욱 격렬해진다.

■ 동서 진영 냉전의 무대

2001년 9월 11일에 발생한 미국에서의 동시 다발 테러로 미국은 탈레반이 통치하는 아프가니스탄과 전쟁을 벌였다. 그러나 미국과 아프가니스탄의 인연은 이미 20세기 중엽부터 시작되었다.

제2차 세계대전이 끝난 후 동서 양 진영이 냉전체제로 들어가면서 소련의 위협을 받고 있는 아프가니스탄을 주목하게 된 것은 미국이었다. 같은 이유에서 아프가니스탄과 접견을 이루고 있는 파키스탄

아프가니스탄에서 철수하는 소련군. 아프가니스탄은 치열한 내전을 겪은 후 탈레반 정권이 들어섰으나, 미국의 침공으로 무너지고 혼란이 계속되고 있다.

에 이미 원조하고 있던 미국은 아프가니스탄에도 손길을 뻗었으나, 아프가니스탄은 그 손을 뿌리쳤다. 아프가니스탄과 파키스탄은 1893년에 국경선 문제로 대립한 후 100년 이상을 원수처럼 지내온 것도 한 가지 원인이었다.

1973년에 피 흘림이 없는 쿠데타로 공화제를 세운 다우드 칸 대통령은 소련에 접근하는 정책을 취했다. 그러나 다우드는 1978년 쿠데타에서 살해되고, 혁명 평의회의 타라키 의장이 권력을 쥐게 되었으나, 타라키 의장도, 그의 후계자인 아민 의장도 쿠데타로 처형되었다.

이와 같은 혼란이 계속되는 가운데 1979년에는 소련의 군사개입으로 사회주의 체제인 카르말 정권이 성립되었다. 그러나 아프가니스탄의 저항으로 1989년에 소련군은 물러가게 되고, 계속되는 분열과 혼란의 시대에 탈레반이 정권을 쥐었다. 탈레반도 미국의 군사력에 밀려났으나, 아프가니스탄의 정세는 여전히 혼란스럽기만 하다.

제1차 세계대전

■ 세계대전이 터지다

1914년 6월 28일, 군사훈련을 참관하기 위해 보스니아를 방문하고 있던 오스트리아 황태자 부부가 사라예보에서 오스트리아의 보스니아 헤르체고비나 합병에 반대하는 한 세르비아 학생에게 암살당했다. 이 사건을 빌미로 제1차 세계대전이 터지게 되었다.

당시 제국주의 열강은 아시아와 아프리카 지역에서 경쟁적으로 식민지 작업을 하고 있었고, 그 때문에 여러 지방에서 분쟁이 그치지 않았다. 특히 오스트리아와 세르비아는 서로 심한 적대감을 가지고 있었다. 이 사건이 발생하자 오스트리아는 7월 28일, 세르비아에 대해 선전포고를 했다.

이에 대해 러시아가 세르비아를 원조하기 위해 군대를 동원하자, 독일도 러시아와 프랑스를 상대로 선전포고를 했다. 영국도 벨기에의 중립을 침범했다는 이유로 독일에 대해 선전포고를 함으로써 제1차 세계대전이 발발하게 되었다.

3국동맹의 일원이었던 이탈리아는 오스트리아가 '미회수의 이탈리아' 합병을 거부했기 때문에 동맹을 폐기하고, 1915년 3국협상(연합국) 측에 서서 참전했다. 결국 동맹 측인 독일과 오스트리아에 불가리아와 오스만 제국이 가담했을 뿐이었다. 일본도 중국의 독일 조차지인 교주만과 칭다오(靑島)를 공격했다.

전쟁의 참상. 발전된 과학기술이 그간의 전쟁을 더욱 비참하게 만들었다. 독일의 독가스 사용으로 실명하거나 목숨을 잃은 병사들.

■ 비밀 외교 전개

이 세계대전 중 3국협상 측은 비밀 외교를 폈다. 영국은 1915년에 아랍 민족의 지도자인 후사인과 전후의 아랍 독립을 조건으로 오스만 제국에 대한 반란을 약속한 '후사인-맥마혼 협정'을 맺었다. 다음해에는 영국과 프랑스와 러시아 3국이 오스만 제국 영토의 세력 범위를 정한 '사크스스-피코 협정'을 맺었다. 이 협정은 앞의 아랍 독립의 약속을 무시하는 것이었다. 영국의 이와 같은 이중 태도 때문에 전후에 커다란 혼란이 생기게 된다. 그뿐 아니라, 영국은 1917년에 유대 자본을 끌어 쓰기 위해 팔레스타인에 유대 인 건국을 인정하는 '밸푸어 선언'을 발표했다. 이것도 아랍 독립과 모순되는 것이었다. 이 때문에 팔레스타인 문제는 오늘까지 계속되고 있다.

한편, 독일은 단기전을 추진했으나, 서부전선은 마른 전투에서 승기를 잡지 못함으로써 프랑스의 진지를 뚫는 데 실패했다. 동부전선에서는 탄넨베르크에서 러시아 군을 격파했으나 결정적인 승리를 거두지 못해 교착상태가 계속되었다. 독일은 전국 타개를 위해 1916년에 서부전선 베르됭에서 공세를 폈으나, 솜 강 전투에서 영국과 프랑스 연합군의 반격을 받았다.

■ 전환기를 맞은 대전

세계대전이 한창이던 1917년 3월, 러시아 혁명으로 로마노프 왕조가 멸망하고 11월에 소비에트 정권이 세워지자, 러시아는 〈평화를 위한 포고〉를 발표하고, 교전 여러 나라를 향해 당장 전쟁을 중지하도록 촉구했다. 그러나 그 요구가 거부되자, 소련은 단독으로 독일과 1918년 '브레스트리토프스크 조약'을 맺고 전선에서 물러났다.

한편, 미국은 처음에 참전하지 않았다. 미국 대통령 우드로 윌슨은 대전 개시 다음달에 중립을 선언했다. 전쟁이 길어지자 연합국 측에서도 동맹국 측에서도 무기와 탄약뿐 아니라, 식료와 의료품 등 생활 필수품까지 중립국인 미국에 요청하게 되었다. 이에 대해 미국은 연합국 측이 유리해지도록 군수품을 자유롭게 수출하고, 정부에 돈까지 빌려주었다.

미국으로부터 무기와 식량을 수입할 수 없게 된데다, 연합국 측에 의해 해상봉쇄를 당하게 된 독일은 무제한 U보트(잠수함) 작전을 펴게 되었다. 독일은 적국과 중립국은 말할 것도 없고, 미국의 상선까지 공격했다. 이것을 막기 위해 미국은 독일에 대해 선전포고를 했다. 이로써 연합국 측이 단연 우세해지게 되었다. 윌슨 대통령은 참전에 즈음하여 '14개조 평화 원칙'을 발표하여, 전후의 국제평화 구상을 제시했다.

■ 대전의 종결

비록 늦게 참전했으나, 미국은 전쟁의 비참함을 톡톡히 맛보아야 했다. 참전하고 나서 1918년 11월의 종전 때까지 1년 반 동안에 200만 명의 미국 젊은이들이 전장에 나갔고, 그중 12만 명이 전사했다. 윌슨 대통령은 그들이 자유와 평화와 민주주의 수호를 위해 참전했다는 것을 국민에게 보여주기 위해 1918년 1월, 14개조 평화 원칙을 발표한 것이다.

한편, 1918년에 독일은 연합군 측에 대해 총공격을 감행했으나 실패했다. 전세가 기운 것을 알게 된 불가리아와 오스만 제국은 연합군 측에 항복했다. 오스트리아의 경우도 혁명이 일어나 오스트리아-헝가리 제국은 무너졌다. 끝까지 버티던 독일도 미국에 휴전을 제의했다. 그러자 킬 군항에서 일어난 해군병사들의 반란이 혁명운동으로 발전했고, 그 결과 빌헬름 2세가 퇴위하고 독일 공화국이 생겨났다. 새 정부는 항복하여 11월 11일에 대전은 막을 내리게 되었다.

전쟁이 끝나면서 국제연맹이 설립되었으나, 제창한 미국은 가맹하지 않았다. 미국 의회에서 승인하지 않았기 때문이다.

베르사유 체제

■ 전승국의 두 가지 목적

제1차 세계대전이 끝난 후 여러 나라들이 서로 대화로 협조하며 전쟁을 피하자는 목적으로 국제연맹이 탄생했다. 쉽게 말해서, 앞으로 새 세계의 질서를 어떻게 유지해갈 것인지 함께 생각하자는 것이었다. 그러나 강대국 미국이 여기에 참가하지 않았고, 소련과 독일의 참가가 늦어지면서 출발부터 순탄하지 못했다.

게다가 영국과 프랑스가 자기 나라에 유리하게 연맹을 운영하려 하는가 하면, 연맹 자체로서는 그것을 제재할 실력이 없었다. 때문에 연맹이 설립되면서부터 기대에 어긋난 것이 되고 말았다.

이 국제연맹의 설립은 패전국 독일과 강화조약을 맺기 위해 열린 파리 평화회의에서 결정되었다. 그러나 거기에는 영토를 많이 차지하려는 전승국의 생각이 얽혀 있었다.

한편, 파리 평화회의에서는 전후 처리를 위한 베르사유 조약도 맺어졌다. 이 조약에서 결정된 새로운 국제질서를 베르사유 체제라고 한다. 거기에는 국제협조와 민족자결이 강조되었다. 이 민족자결에 근거하여 일제의 식민지로 있던 한국에서는 3·1운동이 일어났다.

종전의 기쁨. 유럽을 폐허로 만들었던 제1차 세계대전이 끝났을 때 민중은 전쟁의 고통과 부담에서 해방되었다. 사진은 트라팔가 광장에서 환호하는 런던 시민들.

강대국이 베르사유 조약을 맺은 목적은 두 가지였다. 하나는 전쟁을 확대시킨 독일에게 엄격한 군비제한을 가해 약체화시키는 것과, 다른 하나는 러시아 혁명이 번져가지 못하도록 소련을 봉쇄하는 일이었다.

■ 베르사유 조약의 체결

제1차 세계대전의 전후 처리를 위해 파리에서 평화회의가 열린 것은 1919년 1월이었다. 회의의 원칙은 위에서 말한 바와 같이 윌슨 대통령이 발표한 14개조의 평화 원칙에 두어졌다. 회의를 이끌어간 것은 영국의 로이드 조지와 프랑스의 클레망소, 그리고 미국의 윌슨이었다. 6월 28일에 조인된 베르사유 조약은 프랑스의 독일에 대한 보복주의와, 각국이 대전 중에 맺은 비밀 약속을 실현하기 위해 독일에 대해 아주 엄격한 내용을 담고 있다. 독일은 해외의 모든 식민지를 잃었고, 알자스로렌을 프랑스에 양도하는 등 본토의 일부도 잃었으며, 군비제한과 징병제 폐지에다 많은 배상금까지 물게 되었다. 또한 민족자결을 존중하여 폴란드 등 새로운 국가도 많이 탄생했다.

■ 베르사유 체제 속의 세계

독일 이외의 동맹국도 각각 개별적으로 조약을 맺어, 윌슨의 14개조와 베르사유 조약에 바탕을 둔 새로운 국제질서가 이루어졌다. 이것을 가리켜 베르사유 체제라고 한다. 또한 1920년 1월에 국제연맹(본부 제네바)이 세계 역사상 첫 국제 평화 기구로 성립되어 30여 국가가 그 기구에 참가했다.

그러나 베르사유 체제는 패전국과 아시아, 아프리카 식민지의 희생 위에 세워진 안전보장 체제였고, 소련(사회주의)에 대항하고 목을 죄는 의미도 있었다. 그 때문에 소련과 패전국 독일은 국제연맹에 참가하지 않았다. 연맹 창설의 주창국인 미국도 고립주의의 입장을 지켜 연맹에 참가하는 것을 꺼려 했다. 또한 연맹에는 침략에 대한 제재수단도 없었고, 영국과 프랑스 등 강대국의 이익이 우선되었다. 결국 14개조의 평화 원칙 중 실현된 것은 속이 빈 국제연맹의 창립뿐이었다.

베르사유 체제에 대해 1,320만 마르크의 배상금을 물게 된 독일이 반발한 것은 당연했다. 독일은 연합국 측에 지불 연기를 요구했으나,

프랑스는 그 요구를 거절하며 1923년에 루르 지방을 점령했다. 독일 국내는 떠들썩해졌고, 그것이 원인이 되어 심한 인플레에 빠져들었다. 인플레가 어느 정도였는가 하면, 1914년 당시 1달러가 4마르크였던 것이 1923년에는 1달러가 4조 마르크로 폭등했다. 독일 경제는 파탄나고 말았다.

■ 베르사유 체제와 미국

1920년대 중엽에 이르러 베르사유 체제는 협조 외교로서 안정을 유지하게 되었으나, 1929년의 세계 공황으로 경제가 혼란하고 동요하는 가운데, 이탈리아와 독일에 파시즘이 고개를 들면서 결국 무너지게 되었다.

그에 앞서 미국은 독일의 구제 방책으로 미국의 자본을 투입하여 산업을 부흥시키고 배상금의 지불 능력을 가질 수 있게 해주려 했으나, 그 뒤에 기다리고 있는 것은 대공황이었다.

제1차 세계대전에서 이익을 얻어 번영의 기틀을 잡은 것은 전쟁 중 많은 물자를 연합국 측에 공급한 미국이었다. 그때까지 유럽의 채무국이었던 것이 전쟁으로 해서 채권국이 된 것이다. 전쟁을 계기로 미국은 자동차와 전기 산업을 중심으로 한 산업이 발달했고, 도시를 중심으로 대량소비 사회가 출현했다.

그러나 유럽은 전승국이면서도 전쟁의 후유증으로 고통받고 있었다. 영국은 많은 실업자로, 프랑스는 재정 위기로 홍역을 치르고 있었다.

러시아 혁명

■ 혁명의 배경

러시아에서는 일본과의 전쟁(러일전쟁)이 한창이던 1905년에 피의 일요일 사건(제1차 러시아 혁명)이 일어났다. 그 폭동을 진압한 후 두마(국회)가 열렸으나, 그것은 지주와 귀족의 대표기관에 지나지 않았고, 전제적인 차리즘은 여전히 존속되고 있었다.

그후 수상에 임명된 스톨리핀은 강압 정책으로 질서 회복을 목표로 하는 반동정치를 행했다. 그중 농업개혁에서는 미르(농촌 공동체)를 해체하고 자작농이 생겨나기를 시도했으나 빈농의 생활고는 해결되지 않았고, 농민폭동이 터져 사회 불안이 더욱 커지게 되었다.

정부는 제1차 세계대전에 참전함으로써 민중의 관심을 전쟁으로 돌려 사태수습을 꾀하려 했다. 그러나 전쟁이 장기화되면서 더욱 국민 생활을 압박하게 되었고, 공장 파업과 농민 폭동이 잇달아 일어났다.

■ 소비에트와 임시정부

결론부터 말해서, 러시아의 제1차 세계대전은 프롤레타리아가 일

어나 전쟁을 끝나게 했다. 1917
년에 러시아에서 터진 두 혁명이
그것이다. 해결책을 내놓지 못하
는 정부에 대해 1917년 3월 8일
에 노동자들이 수도 페트로그라
드(현재의 상트페테르부르크)에서
대규모의 파업을 한 것이 3월혁
명의 횃불이 되었다.

정부는 군대에게 진압 명령을
내렸으나, 그들은 명령을 거부했
다. 사병들도 군수품 부족으로 고
통받아 전쟁이 지긋지긋해진 것
이다. 사병들도 노동자와 한패가

로마노프 왕조의 종말. 러시아 혁명으로 17세
기 이래 러시아를 지배해온 로마노프 왕조도
막을 내렸다. 사진은 피신한 마지막 황제 니콜
라이 2세와 그의 가족들. 모두 처형당했다.

되어 혁명은 전국 규모로 확산되었고, 각지에서는 사병과 노동자의
대표자 회의인 소비에트(위원회)를 조직했다.

사태가 이렇게 되자 의회에서는 자유주의파 의원이 중심이 되어
임시정부를 수립했다. 더 이상 민중을 억누를 수 없다고 판단한 정부
각료들은 사직했다. 국회는 니콜라이 2세를 퇴위시키고, 로마노프
왕조 대신 부르주아 자유주의를 내세우는 입헌민주당 중심의 임시정
부를 조직했다.

임시정부에서는 사회혁명당의 케렌스키가 실권을 쥐었다. 그는 영
국과 프랑스의 지지를 받아 제1차 세계대전에 참전을 계속했다. 그
러나 전쟁에 싫증이 난 소비에트 민중은 케렌스키를 지지하지 않았

다. 이 때문에 임시정부와 소비에트의 이중권력 상태가 계속되었다.

■ 소비에트 정권의 성립

이런 상황 중에 1917년 4월에 사회주의 혁명을 목표로 하는 볼셰비키(러시아 사회주의 노동당 중 다수파)의 레닌이 스위스에서 밀봉열차를 타고 귀국했다. 그는 제국주의 전쟁을 중지시키고, 노동자 · 농민이 주체가 되는 정부 수립을 지향, 개인이 토지를 많이 소유하는 것을 금하며, 사회주의 사회의 현실을 목표로 하겠다는 '4월 테제'를 발표하여, 이 방침에 반대하는 임시정부의 타도를 주장했다.

이에 대해 케렌스키도 반혁명파와 멘셰비키(러시아 사회민주당 소수파)와 더불어 볼셰비키를 탄압했다. 그러나 1917년 9월에 터진 코르닐로프 장군의 반란(반혁명파)을 볼셰비키의 힘을 빌어 진압했기 때문에 볼셰비키는 힘을 되찾았다.

그해 11월 7일에 레닌의 지도 아래 볼셰비키는 임시정부를 쓰러뜨리고 소비에트 정권을 세웠다. 이것이 10월혁명이다. 혁명이 성공한 직후, 트로츠키의 지도로 노동자 중심의 적위군赤衛軍이 조직되었다.

소비에트 정권은 '토지에 관한 포고'로 개인의 토지 소유를 금하고, 지주의 토지를 몰수하여 농민에게 나누어주었다. 또한 '평화에 관한 포고'로 전체 교전국에게 전쟁의 즉각적인 중지를 호소했다. 외무장관 트로츠키는 비밀 외교 폐지를 호소하며, 로마노프 왕조 때의 비밀 조약(사이크스-피코 협정 등)을 폭로하며, 그때까지 소유한 러시아의 식민지 권익을 포기했다. 그러나 각국에서는 전쟁의 즉시 중단 요구를 무시했기 때문에, 1918년 브레스트리토프스크 조약을 맺어 독일과 단독으로 강화했다.

한편, 국내에서는 볼셰비키가 주장하는 토지 국유화는 농민 소비에트가 목표로 하는 토지 사유화와는 달랐기 때문에, 1918년 11월의 헌법 제정 의회 선거에서 사회혁명당이 지지를 받아 제1당이 되었다. 볼셰비키는 이중권력 구조가 되는 것을 막기 위해 무력으로 의회를 해산하고 프롤레타리아 독재(일당 독재)를 확립했다.

열강은 혁명의 영향을 두려워한 나머지 소비에트 정권에 대해 간섭하기로 뜻을 모았다. 1918년 5월, 체코슬로바키아 군대가 귀국 도중 적위군과 충돌한 것을 빌미로 하여, 영국과 프랑스, 미국, 일본군대가 출동하여 반혁명군을 도와 대소 간섭전쟁을 일으켰다.

그러나 1920년에 반혁명 세력은 진압되고, 2년 후에 우크라이나와 백러시아 및 카프카스의 소비에트 공화국이 통합되어 소비에트 사회주의 공화국연방(소련)이 출범했다. 소비에트 정권은 자기들이 방아쇠 역할을 하여 사회주의 혁명이 유럽에 퍼지기를 기대하여, 각국 공산주의를 지도하는 조직인 코민테른을 결성했다.

중국공산당 성립

■ 5·4운동

 1919년 3월 1일 한반도에서는 독립선언서를 낭독하고 시위를 벌이며 일본의 식민지 통치에서 벗어나겠다는 뜻을 전 세계에 알렸다. 이 3·1운동은 중국에도 영향을 주었다. 같은 해 5월 4일 베이징 대학 학생들은 일본을 향해 거세게 항의했다. 그 이유는 파리 평화회의에서 중국이 요구한 21개조 요구의 폐기와 조계 및 조차지의 반환 등이 기각되었기 때문이다.

 21개조 요구란 유럽 열강의 세력이 후퇴한 틈을 타 일본이 중국에게 요구한 억지스러운 일들이었다. 즉, 산둥 성에서 독일이 차지했던 권리를 일본에게 양도할 것, 남부 만주와 내몽골에서의 일본의 우월권, 다롄과 뤼순의 조차 기한을 99년간 연장할 것, 일본인 고문을 초빙할 것 등이었다.

 1915년에 위안스카이 정부가 이 요구를 수락했기 때문에 중국 국민의 반일감정과 민족의식은 높아졌다. 그리고 파리 평화회의에서 21개조 요구를 철폐하라는 중국의 요구가 거부됨에 따라 중국 민중의 분노가 다시 폭발하게 된 것이다. 이 때문에 터진 일련의 항일운동을 5·4운동이라 한다.

■ 문학혁명

제1차 세계대전 중 서양 세력의 압력이 일시 후퇴하자 중국에서는 여러 가지 민족운동이 일어났다. 그 운동에 처음으로 불을 지른 것은 문학과 사상 분야였다. 훗날 정치가가 되는 천두슈(陳獨秀, 1879~1942)와 후스(胡適, 1891~1962) 등은 1915년에 상하이에서 잡지 〈신청년〉을 창간했다.

민주와 과학을 표어로 내건 '신청년'은 젊은이와 지식인들에게 큰 영향을 주어 유교와 미신 타파, 전통 가족제도에 대한 비판이 일어났다. 뒤이어 문어 문학을 부정하고 일상어인 구어 문학을 제창한 루쉰(魯迅, 1881~1936)과 후스 등의 백화白話운동이 사상의 대중화를 이루었다. 이것을 문학혁명이라고 하며, 이 혁명은 민족의식을 높이는 데 크게 이바지했다.

한편, 중국에서 5·4운동 등 항일운동이 점점 확산되던 당시, 그와 같은 움직임을 다른 시각으로 보는 정치가가 있었다. 그는 1917년에 러시아 혁명을 이룬 레닌이었다. 레닌은 일찍부터 '후진국은 프롤레타리아 혁명의 원군'이라 생각하고 있었다. 그와 같은 발상에서 레닌은 동아시아에서 공산당 결성을 지원할 생각이었다.

■ 제3인터내셔널

중국에 공산당 결성을 목적으로 한 제3인터내셔널(코민테른)은 1919년 레닌의 지도로 설립되었다. 코민테른의 지도자들은 베이징

황푸 군관학교의 개학식에서 찍은 사진으로, 가운데 모자 쓴 이가 쑨원, 오른쪽의 군복 입은 이가 장제스.

에서 천두슈와 학자이며 사상가인 리다자오(李大釗) 등과 접촉하여 중국공산당을 창설하기로 의견을 모았다.

그 결과 1920년에 중국공산당 결성 준비회가 열렸고, 다음해 7월에 중국공산당 제1차 전국대표 대회(약칭 '중공 일전一숲 대회')가 개최되어 중국공산당의 결당이 선언되었다. 이와 같은 과정을 거쳐 중국은 공산주의로의 첫걸음을 내딛게 되었다.

한편, 1919년에 중국국민당을 결성한 쑨원은 5·4운동을 계승하여 1921년에 광둥에 새 정부를 결성했다. 쑨원은 천두슈 등이 조직한 중국공산당 당원의 국민당 가입도 인정한다는 입장이었다.

같은 시기에 코민테른은 천두슈를 지도하는 한편으로 쑨원의 국민당도 혁명세력으로 주목하고 있었다. 때문에 중국공산당에 대해 국민당과 협력관계를 맺도록 강하게 요구했다. 그 결과, 1924년에 국민당과 공산당은 서로 손잡아 제1차 국공國共 합작이 이루어졌다. 그러나 그야말로 동상이몽격인 이 국공합작이 원만한 관계를 유지해나갈 리 없었다. 얼마 지나지 않아 충돌을 일으켜 적대관계가 되고 말았다.

■ 장제스의 북벌

1925년에 쑨원이 사망하고 장제스(蔣介石, 1887~1975)가 국민당 지도자의 자리를 계승했다. 일본에서 군사학을 공부한 그는 황푸黃埔 군관학교를 세워 국민 혁명군을 양성했다. 국민 혁명군 사령관이 된 장제스는 1926년 7월에 베이징의 군벌 정부를 쓰러뜨리고 중국을 통일하기 위해 북벌을 개시했다.

장제스는 공산당과의 대립자세를 분명히 밝혔다. 그는 상하이를 중심으로 하는 거대한 재벌 그룹뿐 아니라, 저장(浙江) 재벌과 제국주의 열강과도 손을 잡았다. 1927년에는 북벌 도중에 공산당원과 노동조합 지도자 등을 체포하여 처형했다. 같은 해 국민당은 난징 국민정부를 세워 열강의 지지를 얻었다. 이로써 국공합작은 무너지게 되었다.

1928년 잠시 중단했던 북벌을 다시 시작한 장제스는 6월에 군벌의 항복을 받아냈고, 친일 군벌인 장쭤린(張作霖)을 격파했으며, 베이징에 입성하여 만리장성 이남의 18개 주를 통일하는 데 성공했다.

한편, 공산당은 농촌을 거점으로 하여 국민당에 대항했다. 제2차 세계대전이 끝난 후 장제스는 중국 대륙의 패권을 놓고 공산당과의 내전을 벌이다가 패하여 타이완으로 물러갔다. 이때부터 중국과 타이완은 대립하게 되었다.

세계 대공황

■ 아스피린 시대

제1차 세계대전으로 경제력이 불어난 미국은 채무국에서 채권국으로 바뀌게 되었고, 영국을 밀어내고 세계경제의 중심 자리를 차지하게 되었다. 건국 이래로 가장 큰 번영을 누리게 된 미국은 자동차는 3세대에 2대꼴로 보급되었고, 전기세탁기와 냉장고 등 가전제품은 3가구에 2가구가 소유했다.

뉴욕과 시카고 등 큰 도시에는 초고층 빌딩이 줄지어 서고, 도시 교외에는 주택 건설 붐을 이루었다. 특히 1920년대를 가리켜 황금의 1920년대, 아스피린 시대(미국 사람들은 전부 열병을 앓고 있었다. 그 열병을 고치려 해도 아스피린 조제밖에는 할 수 없다는 뜻), 광란의 20년대, 플랩퍼(말괄량이 아가씨) 시대, 재즈 시대 등으로 불렀다.

그러나 양곡 수출은 부진하여 값이 떨어지기 시작했다. 제1차 세계대전 때는 유럽 여러 나라가 경쟁적으로 사들였으나, 대전이 끝나고 농업이 회복되면서 곡물을 사들이지 않아도 되는 상황이 된 것이다. 또한 자동차의 발달로 철도를 사용하는 빈도가 줄면서 석탄 산업도 침체되고 말았다.

■ 암흑의 목요일

1929년 9월 3일, 계속해서 오르던 주식 값이 최고치를 나타내더니 이튿날부터 조금씩 내리기 시작했다. 10월이 되면서 주가는 더 내려가고, 뉴욕 월 가에서는 주권을 팔려는 사람들이 눈에 띄게 많아졌다. 그리고 10월 24일, 자동차 회사 제너럴 모터스의 주식 값이 반으로 떨어졌고, 인기 있는 라디오 회사의 주식도 4분의 1까지 곤두박질쳤다. 다른 주가도 단숨에 폭락하고 말았다. 이날을 '암흑의 목요일'이라고 한다.

주가는 그후도 해마다 떨어지기만 했다. 은행과 회사들이 문을 닫는 사태가 벌어졌고, 1932년에는 실업자가 1,300만 명을 넘었다. 실업률은 25%, 즉 미국 국민 4명 중 한 명이 실업자였다. 뉴욕 거리 여러 곳에 '브레드라인'이 생겨났다. 정부가 무료로 배급하는 빵 한 개와 죽을 얻어먹기 위해 줄 서 있는 사람들의 행렬을 브레드라인이라고 한다.

집세를 내지 못해 아파트에서 쫓겨난 사람들은 공원과 빈터에 오두막을 짓고 살았다. 소련에서 경력 노동자 6,000명을 고용하겠다는 통지가 오자 거기 응모한 사람은 10만 명이나 되었다.

■ 세계 대공황의 확산

공황의 주요 원인은 산업의 기계화에 따른 생산 과잉과 농업 불황, 고율 관세정책 아래서 지나친 무역 성장, 그리고 땅과 주식에 대한 지나친 투기 등이 지적되었다. 국내 경기가 불황의 늪에 빠지게 되자 미국은 유럽에 투자한 자본을 거두어들였다. 때문에 미국 경제의 붕

국가 부흥국. 국가산업부흥법에 따라 세워진 국가부흥국은 산업부흥을 위해 각종 산업의 규약을 만들었다. 그림은 국가부흥국의 포스터와 지지 여성들의 모습.

괴는 각국에 파급되어 세계 전체가 공황 속에 빠졌고, 그 공황은 1931~1933년 전 세계에 확산되었다.

미국의 주가 폭락으로 유럽 국가 중 맨 먼저 타격을 받은 것은 전적으로 미국 자본에 기대고 있던 독일이었다. 한편, 영국에서는 무역 감소로 실업자가 갑자기 늘어나게 되었고, 프랑스에서는 정치적 대립이 거세졌다.

대공황의 진원지인 미국에서는 1933년에 루스벨트 대통령이 '뉴딜 정책'을 펴서 경제를 바로잡으려 했다. 루스벨트는 우선 전국의 은행 업무를 일제히 정지시키고, 정부가 재건에 필요한 자금을 주고 나서 은행 업무를 재개시켰다. 이 조치로 인출금 액수보다 예금액이 더 많아지게 되었다. 또한 대통령 자신이 라디오에 출연하여 국민에게 정부가 지금 하고 있는 일을 알기 쉽게 설명했다. 그의 방송은 친근감을 주었기 때문에 '노변爐邊(난롯가) 담화'라고 불렸다.

■ 각국의 대응책

미국에서는 테네시 강 유역 개발공사(TVA) 등 큰 규모의 공공사업 투자로 고용을 확대하고, 국가 산업부흥법(NIRA)으로 산업부흥과 복지를 진전시켰다. 또한 농업 조정법(AAA)으로 농민들의 숨통을 트여 주고, 와그너 법으로 노동자의 단결권과 단체 교섭권을 확립했다.

영국에서는 맥도널드 거국일치내각이 보호무역 정책을 폈다. 1932년에는 캐나다 오타와의 영국연방 경제회의에서 국내 상품은 세금을 없애 관세를 낮추고, 외국 상품에는 높은 관세를 매기는 블록 경제를 채용했다.

프랑스의 경우는 공황의 영향이 비교적 늦게 닥쳤으나, 공황 후의 사회 불안 속에 우익이 머리를 들게 되었다. 이에 대해 반反 파시즘의 인민전선이 결성되었고, 1936년에는 사회당의 블룸이 인민전선 내각을 결성했다. 이 내각은 주 40시간 노동제의 도입을 추진했으나, 자본가들의 반발로 1937년에 무너지고 말았다.

미국의 경우 1937년에 뉴딜 정책을 편 루스벨트는 대통령으로 재선되지만, 일시적으로 감소했던 실업자는 다시 100만 명을 넘어서게 되었다. 그 실업자들을 구한 것이 제2차 세계대전의 군수 산업이었다.

제2차 세계대전

■ 독일의 동향

제1차 세계대전에서 거액의 배상 책임을 지게 된 독일은 세계 공황까지 겹쳐 실업자가 600만 명을 넘게 되었다. 히틀러는 국민을 선동하여 나치 독재정권을 세우고, 1933년 국제연맹에서 탈퇴하여 다시금 침략전쟁을 시작했다.

이탈리아에도 파시즘에 의한 독재체제가 생겨났는데, 무솔리니가 거느리는 파시스트 당이다. 이탈리아는 전승국이기는 했으나, 전후의 경제적 황폐와 영토 문제로 베르사유 체제에 반기를 든 것이다.

독일은 1935년에 자르 지방을 병합하고, 베르사유 조약을 깨뜨려 재군비 선언을 했다. 또한 영국과 영·독 해군 협정을 맺어 해군 확장을 꾀했다. 다음해인 1936년에는 로카르노 조약도 깨고, 라인란트 비무장 지대에 군대를 주둔시켰다.

같은 해인 1936년에 이탈리아와 베를린·로마 추축樞軸을 형성하고, 다음해에는 일본과 일·독 방공防共 협정을 맺었다. 그리고 1940년에는 일·독이 3국 군사동맹을 맺었다.

독일과 이탈리아는 에스파냐에서 인민전선 정부에 대해 반란을 일으킨 프랑코를 지원하여, 1939년에 프랑코가 승리하여 독재체제를 굳히는 일을 도왔다. 1937년 4월에 1,654명의 민간인 사망자를 낸 독일 공군에 의한 게르니카 폭격은 처참하기 이를 데 없었고, 피카소는 '게르니카'를 그려 그것을 비난했다.

■ 제2차 세계대전

기세가 오른 히틀러의 나치 독일은 1938년에 오스트리아를 합병하고, 체코슬로바키아의 주데텐란트를 나누어 달라고 요구했다. 독일을 소련의 방어벽으로 생각하고 있던 영국과 프랑스는 뮌헨 회담에서 독일의 요구를 승인했다.

그러나 독일의 침공이 체코의 해체에까지 이르자, 영국과 프랑스는 정책의 방향을 바꾸어 독일에 대비한 군비확장을 서두르게 되었다. 또한 중립을 지키던 미국도 영국과 프랑스를 지지하고 나섰다.

1939년 8월, 독일은 소련과 독·소 불가침조약을 맺어 등 뒤쪽의 안전을 확보하고, 그해 9월 1일 폴란드에 쳐들어갔다. 이에 영국과 프랑스도 곧 독일에 선전포고를 함으로써 제2차 세계대전이 터졌다.

독일은 폴란드에 이어 덴마크와 노르웨이, 그리고 파리를 점령하고, 발칸 반도까지 진출했다. 또한 영국과의 전쟁에서 등 뒤쪽의 안전을 확보하는 동시에 남부 러시아의 자원을 차지하기 위해 1941년에는 소련으로 총부리를 돌렸다.

■ 유럽 전선

독일은 우세한 군사력으로 네덜란드와 벨기에를 침략하고, 프랑스

진주만 공습. 일본 연합함대의 전투기들이 하와이 진주만을 기습 공격하는 모습. 물론 선전포고 이전이었다. 이 공격으로 분노한 미국은 전면전에 돌입했다.

를 공격하여 항복을 받아냈다. 또한 독일 공군은 영국에 엄청난 폭격을 퍼부었다. 이에 대해 프랑스에서는 드골 장군이 레지스탕스 운동을 전개했고, 영국은 수상 처칠 아래 뭉쳐 독일의 계속되는 공습과 잠수함 공격을 견뎌내고 있었다.

소련은 불가침조약을 깨고 독일군이 진격해오자 모스크바와 레닌그라드에서 치열한 전투를 벌였고, 겨울이 오자 추위에 꼼짝하지 못하는 독일군의 진격을 막았다. 이번에는 소련과 영국이 군사동맹을 맺었다.

한편, 그때까지 중립을 지켜오던 미국도 1941년에 무기대여법을 성립시켜, 영국과 소련에 많은 물자 원조를 시작했다. 같은 해 루스벨트와 처칠은 영토 불확대와 민족자결 등을 내용으로 한 대서양 헌장을 발표했다. 또한 제2차 세계대전은 파시즘 대 민주주의 및 민족해방의 전쟁이라는 성격을 강화하여, 파시즘에 대한 여러 민족의 저항운동을 불러일으켰다.

■ 태평양 전쟁

한편, 일찍부터 영토 확장을 꿈꾸어온 제국주의 일본은 중국 전선의 타개와 이른바 대동아공영권(아시아 여러 민족의 반反식민지주의를 이용하여 아시아를 백인의 지배로부터 해방시킨다는 명목의 구호)의 실현을 위해 동남아시아를 침공하려 했다. 그 때문에 1941년에 소련과 소일 중립조약을 맺어 북방의 안전을 확보한 후 남진을 시작했다.

이와 같은 일본의 침략 야욕에 대해 미국은 석유 수출을 금지하고, 영국 · 중국 · 네덜란드와 ABCD 라인으로 대항했다(ABCD는 미국 등 4개국 영어 표기의 첫 글자임).

일본 군부는 일찍부터 미국과의 전쟁 계획을 세워두고 일단 미국과의 일시적인 화해를 모색했으나, 그 교섭이 결렬되자 1941년 12월 8일에 하와이 진주만을 기습하여 태평양 전쟁을 일으켰다.

개전 직후에는 마치 대나무를 쪼개듯 거침없이 진격하여 싱가포르와 남태평양의 여러 섬들을 차지한 일본군은 1942년 6월의 미드웨이 해전에서 지고 난 후 전쟁의 주도권을 잃었다.

한편, 유럽 전선에서는 독일군이 1943년 1월에 스탈린그라드에서 패배했고, 9월에는 이탈리아가 연합군의 본토 진격을 허용하자 항복했다. 또한 1944년 6월의 노르망디 상륙 후 파리를 탈환한 연합군은 드골 임시정부를 세웠고, 다음해 5월에 히틀러가 자살하고 독일은 항복했다.

일본도 1944년 본토 공습이 시작되고, 1945년 원자탄 세례를 받게 되자 8월 15일에 무조건 항복했다.

중화인민공화국

■ 군국주의 일본

유럽이 제1차 세계대전의 상처를 씻고 부흥하자, 무역 경쟁의 격화로 일본은 불경기에 빠지게 되었다. 또한 1918년의 쌀 소동과 1923년의 대지진의 영향도 더해져 국민 생활은 더욱 악화되었다. 거기에 세계 공황에 따른 경제난과 정당의 타락으로 군부가 머리를 들게 되고, 끝내 대륙침략을 개시했다.

1928년에 친일 군벌인 장쭤린이 탄 기차를 폭파하여 살해하고, 1931년 9월에는 류탸오거우(柳條溝) 사건을 일으켜 만주를 점령했다. 다음해에 상하이 사변으로 중국과의 대립이 결정적이 되자, 3월에 청 마지막 선통제 부의를 황제로 영입하여 일본 식민지로서의 만주국을 세웠다.

그러나 이 만주 건국은 국제연맹이 파견한 리튼 조사단에 의해 일본의 괴뢰국이라는 결론이 내려지고, 세계의 여론은 일본의 이러한 일련의 행동을 비난했다. 이에 일본은 1933년에 국제연맹을 탈퇴하고 군비확장을 계속하며 독일과 이탈리아에 접근해갔다.

■ 중일전쟁

중국에서는 일본의 침략에도 불구하고 장제스가 공산당 토벌을 계속하고 있었다. 이에 대해 마오쩌둥이 이끄는 공산당은 루이진(瑞金)에서 옌안(延安)까지 1만 2,500km에 이르는 대장정大長征, 곧 대퇴각을 했다.

1936년의 시안 사건에서는 장쭤린의 아들 장쉐량(張學良, 1898~2001)이 시안에 온 장제스를 감금하여 내전 정지를 약속하게 했다. 이때 장제스의 석방에 힘쓴 저우언라이(周恩來)는 1937년 7월의 루거우차오(蘆溝橋) 사건을 빌미로 중일전쟁이 터지자, 국민당에게 힘을 합쳐 일본과 싸우자고 제안했다. 그해 9월에는 제2차 국공합작이 이루어졌고, 항일민족 통일전선을 성립시켰다.

일본은 그해 12월에는 중화민국의 수도 난징을 점령했고, 다음해에는 광저우와 우한武漢도 점령하여, 점과 선이기는 하지만 화북에서 화남으로 침략의 손길을 폈다. 일본군에 대해 장제스의 국민당은 장기전의 태세로 임했고, 공산당은 화북의 팔로군八路軍과 화중의 신사군新四軍이 해방구를 형성했다.

■ 중화인민공화국의 성립

제2차 국공합작은 제2차 세계대전이 끝날 무렵부터 깨질 징조를 보이다가, 국민당과 공산당의 대립이 더욱 격화됨에 따라 1946년부터 전면적인 내전으로 발전했다. 내전 초에는 미국의 원조를 받는 국민당의 장제스가 우세했다. 그러나 국민당 정부는 국내 경제의 혼란과 국민당의 부패로 점차 국민의 지지를 잃게 되었다.

1949년 10월 1일 중화인민공화국의 건국을 선포하는 마오쩌둥.

한편, 공산당은 신민주주의론을 주창하는 마오쩌둥의 지도 아래 토지개혁을 제창하여 농민의 지지를 얻었다. 이와 같은 유리한 정세에 힘입어 공산당은 총반격에 나서게 되었다. 공산당의 지도로 1927년에 결성된 중국공산군은 처음에 홍군紅軍이라고 부르다가, 1947년부터 인민해방군이라고 이름을 고쳤다.

1947년 5월부터 반격에 나선 인민해방군은 1949년 1월에 베이징을 점령하고, 5월에는 상하이를 점령했다. 그리고 그해 10월에는 마오쩌둥을 주석으로 하고, 저우언라이를 수상으로 하여 중화인민공화국을 수립했다. 내전에서 패배한 장제스의 국민당 정부는 타이완으로 도피하지만, 1971년까지 미국의 도움으로 유엔에서 중국 대표권을 유지했다.

■ 신중국의 발전

중국의 신정부는 1950년에 소련과 중·소 우호동맹 상호원조 조약을 맺고 소련으로부터 경제원조를 받는 한편, 인도와 인도네시아, 그리고 이집트와도 우호관계를 맺었다. 오랜 세월 동안 열강으로부터 식민지를 강요당해온 중국의 민족자립의 달성은 아시아와 아프리카 대륙 여러 나라들의 민족운동에도 영향을 주었다.

한편, 내정에서는 1950년에 토지개혁법을 공포하고, 지주의 토지를 몰수하여 농민에게 분배했다. 그리고 그해 늦가을에는 한국 전쟁에서 패해 북쪽 국경까지 밀려간 북조선을 돕기 위해 어마어마한 수의 중공군을 한반도로 보냈는데, 한국과 미국을 비롯한 유엔 군과 맞서 싸울 정도로 군사력이 막강해졌다.

1953년부터 제1차 5개년계획을 실시하여 농업의 도시화와 도시의 공업화에 힘썼다. 1958년부터 제2차 5개년계획을 시행하여 농촌에 인민공사를 만들어 행정과 생산의 조직을 일원화하고, '대약진'이라는 구호 아래 증산정책이 진행되었다.

그러나 이 '대약진'이 1959년에 자연재해와 소련과의 관계악화로 실패하자, 한때 마오쩌둥을 대신하여 류사오치(劉少奇)가 국가주석에 취임하여 급진적 사회주의화 정책이 느슨해지기도 했다.

그러나 실권을 잃은 마오쩌둥이 홍위병을 내세워 권력탈환을 위한 쿠데타에 나섰다. 이른바 문화대혁명이다. 이 운동은 마오쩌둥의 의도와는 달리 국가 발전에 오히려 후퇴를 가져왔다. 그런 상황에서도 군사력을 꾸준히 키운 중국은 1971년부터 타이완의 정부를 몰아내고 국제연합에 가입했다. 중국은 이때부터 제3세계의 지도자로 자처하게 되었다.

아프리카의 독립

■ **기지개하는 아프리카**

'검은 대륙'이라 불리는 아프리카는 이집트 왕국 이후 오랜 기간 동안 잠자고 있었다. 오랜 잠에서 깨어 기지개를 하기 시작한 것은 나폴레옹의 이집트 점령 때였다. 당시 오스만 투르크 제국의 속주였으나, 투르크의 용병대장이었던 무하마드 알리는 프랑스 군과 맞서 싸워 승리했다.

알리는 그 실력을 인정받아 1805년에 이집트 총리 자리에 올랐다. 그는 그때까지 이집트를 다스리던 맘루크 영주를 쫓아내고, 서양을 본보기로 삼아 근대적인 제도와 산업 육성을 시작했다. 특히 국내에서는 목화 재배를 활발하게 하고, 전매제도를 실시해서 독점적인 무역을 했다.

국력이 커지자 알리는 1818년에 아라비아 반도를 공격하여 북아프리카 서쪽에 세워졌던 와하프 왕국을 차지했고, 이어 동부 수단도 정복했다. 그는 투르크와 원만한 관계를 유지하여, 투르크가 그리스의 독립운동을 진압할 때 투르크 편이 되어 함께 싸우기도 했다.

그러나 시리아를 차지하는 문제와 세습제 문제 때문에 투르크–이

수에즈 운하 위기. 영국과
프랑스 공조의 폭격으로 폐
허가 된 수에즈 운하 입구
의 사이드 항 모습.

집트 전쟁이 일어나게 되었다.

이 전쟁에서 프랑스는 이집트를 지원했고, 러시아는 투르크를 지
원했다. 결국 영국의 간섭으로 알리는 시리아를 차지하지 못하고 세
습권만 승인되었다.

■ 수에즈 운하

1869년 이집트에 수에즈 운하가 개통되자 열강은 앞 다투어 아프
리카 대륙에 눈독을 들였다. 아프리카가 지중해에서 홍해를 지나 직
접 인도양으로 빠져나갈 수 있는 해상무역과 군사면에서 긴요한 목
이 되었기 때문이다. 그때까지 유럽의 해상무역로는 아프리카 대륙
을 한 바퀴 돌아야 인도양에 들어갈 수 있었다.

수에즈 운하가 개통되자 유럽 열강은 너도나도 아프리카를 차지하
는 일에 서둘러 손을 뻗기 시작했다. 영국은 잽싸게 수에즈 운하 회
사의 주식을 사들여 자기 나라 보호 아래 두었고, 수단에서 마흐디

(正統者)와는 이슬람 교 지도자 무하마드 아브둘라가 독립운동을 일으키자 군대를 보내 수단을 점령했다. 그리고 1899년에는 남아프리카를 지배하게 되었다. 영국은 아프리카 대륙의 북쪽 끝인 수에즈 운하에서 남쪽 끝인 케이프타운까지 이르는 세로축을 목표로 하여 군사침략을 계속했다.

프랑스는 19세기 전반에 공략한 알제리를 시작으로 하여 1881년에 튀니지를 보호국으로 했고, 사하라 사막에서 콩고까지 남하하여 영토를 넓혔다. 독일도 토골란드와 카메룬, 독일령 동아프리카를 차지했다. 아프리카 대륙에 남은 독립국은 에티오피아와 리베리아 두 나라뿐이었다.

■ 알제리 전쟁

서양 열강에 의해 식민지가 되었던 아프리카의 나라들은 유럽 열강의 힘의 균형이 깨진 제2차 세계대전 후 잇달아 독립했다. 제국주의의 식민지 지배에서 벗어나려는 민족운동의 결과, 1951년에 리비아가 이탈리아의 식민지에서 벗어나 독립했고, 1956년에는 튀니지와 모로코가 프랑스로부터 독립했으며, 수단도 영국의 지배에서 벗어나 독립했다.

대전 후에도 프랑스의 통치 아래 있던 알제리에서는 벤 벨라가 거느리는 민족해방전선(FLN)이 1954년에 결성되어 독립전쟁, 곧 알제리 전쟁이 터지게 되었다. 전쟁이 늪에 빠진 상태가 되었을 때 프랑스에서는 제4공화정이 무너지고, 1958년에 드골의 제5공화정이 들어섰다. 드골 정권 밑에서 성립된 에비앙 협정에 따라 1962년 알제리 민주인민공화국이 승인되었고, 이후 알제리는 비동맹주의와 현실적 사회주의 정책을 취했다.

■ '아프리카의 해'

아프리카의 사하라 사막 남쪽에서도 독립의 큰 물살이 꿈틀거리기 시작했다. 우선 1957년에 엔크루마 수상 밑에 가나 공화국이 건국되어 흑인 아프리카 최초의 독립국가가 되었다. 다음해에 가나의 수도 아크라에서 제1회 범아프리카 인 회의가 열려 아프리카 각지의 독립을 요구했다. 그리고 같은 해인 1958년에 세쿠 투레의 지도 아래 기니 공화국이 프랑스로부터 독립했다.

아프리카에서의 이와 같은 반反 식민지 민족운동은 1960년에 카메룬의 독립을 신호로 1년 동안에 무려 17개 국가가 독립했다. 때문에 이해를 '아프리카의 해' 라고 부른다. 더욱이 알제리가 독립을 쟁취한 다음해인 1963년에는 아프리카의 30여 독립국이 상호협력과 관계를 도탑게하기 위해 '아프리카 통일기구(OAU)'를 조직했고, 회의 개최지인 에티오피아의 수도 아디스아바바에서 식민지주의에 반대하는 헌장을 채택했다.

그후에도 독립의 급물살은 수그러들지 않고, 1975년에는 앙골라와 모잠비크가 독립하고, 1980년에는 짐바브웨가 독립했으며, 1990년에는 나미비아가 독립했다. 현재는 서사하라만 독립하지 못한 상태다. 그러나 독립을 차지한 후의 아프리카에는 부족간의 진쟁에 가뭄과 홍수 등 자연재해가 잇따르고 있어 아직도 고난의 시기가 이어지고 있다.

중동전쟁

■ 이스라엘 공화국 건국

제2차 세계대전 후 팔레스타인 지역을 중심으로 한 아랍 계와 유대 계의 충돌인 중동전쟁이 무려 네 차례나 있었고, 아직도 충돌이 계속되고 있어 언제 또 터질지 알 수 없는 상태다.

유대 민족은 로마 시대에 나라를 잃고 세계 각지에 흩어져 살았고, 그들을 '디아스포라'라고 부른다. 디아스포라도 여러 세기를 지나는 동안 유대 인 국가(이스라엘)를 세우자는 운동이 일어나게 된다. 이 운동을 시오니즘 운동이라고 한다.

시오니즘 운동의 창시자인 헤르츨(1860~1904)의 주장에 동조하여 유대 인은 옛 고향 팔레스타인에 땅을 사들이면서 들어와 살 계획을 세웠다. 그러나 그 일을 뒤에서 밀어준 영국에 문제가 있었다. 영국은 제1차 세계대전 때 오스만 투르크를 영국 편에 끌어들이기 위하여 아랍 측에게 대전 후 독립국의 건국을 약속했다.

그러나 전쟁에서 오스만 투르크가 패하자 이번에는 유대 인을 응원하기 시작했다. 그리고 제2차 세계대전 후 이스라엘은 독립 국가로 승인되었고, 유엔에서는 팔레스타인의 반을 유대 인에게 내주기로 결의했다.

■ 제1, 2차 중동전쟁

유엔의 결의에 대해 아
랍 측은 당연히 거부했다.
그런 상태에서 1948년에
팔레스타인에 대한 영국의
위임통치가 끝나자 유대

중동전쟁. 제1차 중동전쟁 때 요르단 강 서쪽으로 진
격하는 이스라엘 군.

인은 일방적으로 이스라엘 공화국을 건설했다. 이에 대해 아랍 계 5
개국(이집트, 시리아, 트란스요르단, 이라크, 레바논)은 이스라엘에 대해
선전포고를 하여 제1차 중동전쟁이 터지게 되었다.

그 전쟁에서 이스라엘이 승리하여 유엔이 결의한 영토보다 훨씬
많은 면적을 차지하게 되었고, 이것이 계속해서 갈등의 뿌리가 되었
다. 그 전쟁에서 가장 큰 희생자는 전쟁 때문에 난민이 되고만 팔레
스타인 사람들이었다.

한편, 이집트는 1922년에 독립국가가 되어 왕정을 펴게 되었는데,
왕실 등 일부 계층이 권력을 쥐고 부패하면서 문제가 생겼다. 나세르
중령이 쿠데타를 일으켜 대통령이 되고, 아스완 댐을 건설하여 전력
을 얻어 산업발전을 계획했다. 그는 자금을 얻기 위해 수에즈 운하를
국유화했다. 그때까지 운하의 통행료는 영국과 프랑스에서 차지하고
있었다.

나세르가 수에즈 운하의 국유화를 선언하자, 프랑스와 영국은 물
론이고 이스라엘까지 한패가 되어 이집트를 침공했다. 이것이 제2차

중동전쟁이다. 이 전쟁은 군사력 때문이 아니라 세계 여론에 따라 영국과 프랑스는 병력을 철수하여 이집트에게 승리를 안겨주었다.

■ 3시간 만에 결판난 제3차 전쟁

제3차 중동전쟁은 팔레스타인 난민이 1964년에 '팔레스타인 해방기구(PLO)'를 결성하고 게릴라 활동을 조직적으로 펴려고 하는 긴장감 속에서 터졌다.

아랍 계에게 둘러싸인 이스라엘은 1967년에 공군을 주력으로 하여 기습작전을 결행했다. 이집트, 요르단, 시리아, 이라크의 공군 기지를 폭격하여 전투기를 모조리 파괴한 것이다. 그리고 그후 불과 6일 동안의 번개작전으로 시나이 반도와 홍해로 나가는 요충지인 아카바 만을 점령했다. 이스라엘은 이 전쟁에서 성지 예루살렘을 차지하게 되었다.

제3차 중동전쟁을 두고 이스라엘은 '6일전쟁'이라 부르고, 아랍 측에서는 '6월전쟁'이라 부르고 있다.

■ 외세가 가담한 제4차 전쟁

원래는 민족끼리의 전쟁이었던 중동전쟁이었으나, 제4차 중동전쟁은 미국과 소련의 냉전에 휘말려들게 된 결과였다. 제2차 중동전쟁 때부터 서방세계의 지원을 받을 수 없게 되자 이집트는 소련에 접근하기 시작했다. 소련도 중동지역에 진출하여 군사 거점을 쌓아올릴 생각이 간절했기 때문에 이집트에 무기를 제공하고 군사 원조를 했다.

1968년에 아랍 계 모든 나라는 '아랍 석유수출국기구(OAPEC)'를 맺어 협력 체제를 더욱 굳혔다. 1969년에는 아라파트가 PLO 의장에 취임했고, 이집트는 사다트 정권이 제4차 중동전쟁을 일으켰다. 그러나 그 주역은 아랍도 이스라엘도 아니었고, 중심이 되어 움직인 것은 미국의 키신저 국무장관이었다. 그 전쟁은 10일 만에 막을 내리기는 했으나, 그것은 시작을 위한 끝에 지나지 않았다.

 제4차 중동전쟁이 터지게 되자 아랍 나라들은 석유 값을 올리고, 이스라엘을 지지하는 나라들에게는 석유를 팔지 않았다. 이른바 석유 무기화였다. 이 때문에 전 세계는 제1차 오일 쇼크에 빠졌고, 선진국들은 이스라엘에 압력을 넣었기 때문에 이집트는 유리한 정전협정을 맺을 수 있었다.

 그 결과 1974년에는 유엔 총회에서 팔레스타인 인의 자결권과 독립 국가 수립권, 그리고 PLO의 대표권이 인정되었다. 1979년에는 이집트와 이스라엘이 평화조약을 맺었고, 1993년에는 PLO와 이스라엘 사이에 잠정 자치협정이 맺어지기도 했다. 그러나 그후에도 아랍계와 이스라엘의 대립은 계속되어, 암살과 테러 등 피로 얼룩지며 오늘에 이르고 있다.